ストーリー事例に学ぶ!

誰にも相談できない
中小企業のお金トラブル解決大全

ICOコンサルティング
古山喜章

Money Trouble Solution

日本実業出版社

中小企業は、誰にも相談しづらいトラブルだらけです。

はじめに

私たちのもとには、中小企業の経営者の方々から様々な相談が寄せられます。しかも、業績に関することならいざしらず、思いもよらないような相談が舞い込みます。まさにそれは当事者にとって、「事件」といえることばかりです。

親族間のゴタゴタ、社長の身の回りの不始末、借金がらみのトラブルなど、おそらく上場会社以上に、**社長自身がどう対応すればいいかわからない、誰にも知られたくない、そもそも誰に相談すればいいかわからない**、という事件やトラブルがあふれています。

上場会社では取締役会や株主総会があり、会計監査も確実に行われています。常時、多方面からの会社法にもとづく企業統治（ガバナンス）が実行されているのです。それでも不祥事やトラブルは起こっていますが、中小企業での発生数ほどではないはずです。上場会社の場合、不祥事は事件性が高く、マスコミの記事として書かれます。「あの大企業がこのような不祥事を！　その実態は…」といった記事や書籍が多くあります。

一方、中小企業の場合は、多くは株主総会もなければ取締役会も開催されていない、というのが実態です。議事録はあるものの、あとづけで作成しているだけです。中小企業の多くは、社長のワンマン体制であらゆることがなされているのです。**株主総会や取締役会といった、チェック機能がないに等しく、監査役がいても、実態はほとんど名前だけです。そのため、歯止めがきかず備えることができないので、突拍子もないトラブルや事件が発生しやすいのです。**

そのような状況であっても、非上場会社のトラブルや事件は、マスコミ記事として取り上げられません。世間に知られていない会社のトラブルや事件を記事にしても、ニュースにはならず、そもそも、中小企業で起こる様々なトラブルは、ほとんど表に出てこないのが現状です。経営者同士が近隣の会社の噂話を聞く程度で終わってしまいます。

本書では、実際にはあちこちで発生しているけれど、ほぼ表に出てこない、中小企

業のトラブルや事件にスポットをあてました。いずれも、世間を騒がすような出来事ではないものの、当人である社長にとっては一大事といえる事件ばかりです。

それぞれの事件を、できるだけ臨場感が伝わるように、再現ドラマ風に表現しました。会社名や人名は、すべて仮名、地域も架空です。ただし、**どの事件も実際にあったものであり、私自身が経営コンサルタントという立場で体験したことばかりです。すべて実話です。**

中小企業の経営者という立場にある方なら、興味津々の事件ばかりだと思います。各章の繋がりはありませんので、目次を見て、気になる事例から読んでいただく、という読み方で構いません。

各章ごとに紹介した事件には、『この事例の解決法と予防策』という形で、原因と対策をそれぞれ詳しく書きました。「わが社でもあり得るかも…」という事件があれば、そこに書かれた内容をぜひとも参考にしていただければと思います。

中小企業の経営者は孤独です。本書に登場するような出来事を相談できる相手が身近にいないことが多く、相談しても親身になって解決に向けて動いてくれる存在が、意外に少ないのです。

顧問の会計士、なじみのある弁護士、といった方々に相談しても、多くはアドバイスや助言のレベルで、解決には至りません。

そこで、私たちのような経営コンサルタントは、そのような、行き場を失った相談事を解決まで請け負っています。それは、経営の表舞台の悩み事だけではなく、経営者が抱える話しづらい悩み事に日頃から接し、寄り添っているから打ち明けていただけるのだと実感しております。

目次を開いて興味を持っていただけたところから読んでもらえれば嬉しいです。皆さんの参考となり、お役に立てることを願っています。

2023年7月吉日

古山喜章

目次

ストーリー事例に学ぶ！
誰にも相談できない　中小企業の「お金トラブル」解決大全

第2章

「銀行が個人保証をまったく外そうとしてくれません！」

第3章

「うちの貸借対照表には、仮払金が1億円以上、残ったたままなんです！」

第4章

第5章

第8章

第9章

第10章

すべての根源は、社長が「B／S（貸借対照表）」を読めないことにあります

カバーデザイン／萩原 睦（志岐デザイン事務所）
本文デザイン・DTP／初見弘一
本文イラスト／ホリベユカリ

第1章

「国税は明らかに、うちのオフバランスを狙っています！」

～9億円の不動産売却損を国税局に狙われた会社の攻防戦～

関東エリアで建材卸業を営む、ヒラタ建材店（仮名）の平田常務（仮名）から電話がありました。ヒラタ建材店とは長いお付き合いですし、平田常務から直接電話が入ることは少なく、何かありそうな予感がしました。

「古山先生！　さっき会計事務所から連絡があり、税務調査が行われることになりました！」

平田常務は相当慌てていました。

「日程はいつ頃ですか？」

「11月下旬なので、あと2か月くらいです。調査を受けるには問題のない時期なので、ずらすことなく、受けようと思います」

「平田常務のところは確か、国税ですよね」

「そうなんです。5人で来て2週間、調査するらしいです」

ヒラタ建材店は非上場会社ですが、売上高が１００億円を超えています。その場合、国税局が税務調査を請け負う、ということがあるのです。

「２週間か、長いですね。でも、おそらく当局の狙いは、２年前の土地のオフバランスでしょう」

「たぶん、そうだと思います」

平田建材店は２年前まで、固定資産として各事業所の土地と建物を全部自前で抱えていました。しかもその多くは、先代社長の時代、バブル期に高額で買った土地・建物が多かったのです。そのため、貸借対照表の総資産が膨張していました。しかし、当時とは異なり、それらの土地・建物の価値は大幅に下がっていました。大きな含み損を抱えていたのです。その**含み損を売却で吐き出し、総資産を縮めることを、「オフバランス」といいます**。

会社で抱えるすべての土地・建物を、その時に作った資産管理会社、ヒラタホールディングス株式会社（仮名）へ売却しました。売却損はざっと９億円です。特別損失で売却損を計上しました。これまでにない、大赤字です。それでも、純資産は3分の1に減っただけで、財務的には問題はありませんでした。

通常、ヒラタ建材店の経常利益は、1・3〜1・5億円です。卸売業なので、売上規模は大きいものの、利幅は小さかったのです。赤字額9億円といえば、通常の経常利益の約6年分です。早い話、6年間は法人税を払わなくてもいい状況になりました。

中小企業の場合、大きな赤字は最長で10年間、繰り越しできます。10年まではいきませんが、6年程度は活用できる大赤字を、ヒラタ建材店は土地・建物の「オフバランス」で計上していました。国税局が調査に来たがるのも、無理はないかもしれません。

少し慌てた感じで電話をしてきた平田常務を安心させるべく、私はいいました。

「常務、あのオフバランスはしっかりとエビデンス（証拠）を揃えているから、調査に来て見られたところで、何も指摘されるところはないですよ」

「そういっていただけると、なんかちょっとほっとします」

電話でのやりとりで、調査を受ける際の注意点を伝えました。その後、必要資料をある程度揃えて、税務調査が始まる時期を迎えたのです。税務署でも国税局でも、準備してほしい基本資料は、事前に知らせてきます。とはいっても、**指示された資料を全部完璧に揃える必要はありません。なかには、そんな資料はもう残っていない、というものも、あるのです。**そうして、税務調査が始まりました。

税務調査が始まって数日後、平田常務からまた電話がありました。

「先生！　国税は明らかに、うちのオフバランスを狙っています！」

「やっぱり！　そりゃそうでしょ」

「土地・建物のオフバランスに関係する資料を、五人のうち、三人で調べています。残りの二人は、他の勘定科目や売上高に期ずれなどがないか、みたいなことを調べています」

「で、なんか指摘されそうなの？」

「いやぁ、今のところ、議事録とか、土地・建物の鑑定評価の資料とか、いろいろ見られて質問はきていますけど、指摘を受けそうな感じではないです。でも、何かないか、としつこく調べている、という様子ですね」

「なるほど。でも、いくら調べたところで、指摘を受けるようなところはないですよ」

「私もそう思っています。でも、それでも不安なんです」


税務調査を受ける経営者の気持ちは、皆さん同じです。調査する側から、〝何か悪いことをしているのだろう〟という目で見られているのが、ありありとわかるからです。

税務調査はそのまま進みました。狙いのオフバランス以外には、何も指摘を受けるところがないようでした。それもあってか、ますます、調査の的《まと》はオフバランスに絞られていきました。**国税局はなんとかして、オフバランスで損金計上された9億円の大赤字を、非承認に持ち込もうとしていたのです。**

鑑定評価にムリはないか、議事録はくまなく整備されているかなど、数名で担当を入れ替えながら、繰り返しチェックが行われました。

ヒラタ建材店は鑑定評価を、地元の不動産鑑定士に依頼していました。その鑑定表の額から、10％を落とした金額で、資産管理会社へ売却していたのです。当初、平田常務をはじめ経営陣は、そのことを心配していました。

「評価額で売却しないと、まずいことはないのでしょうか？」

「**評価額は相場の参考価格ですよ。それをもとに、売る側と買う側が交渉するのが、通常の売買取引です。**多少の値引きや値上げは、よくある話じゃないですか。それに、ある程度の力関係もあれば、取引上の忖度《そんたく》なんかも、交渉時には、働くでしょ」

「そういえばそうですね。何せ、オフバランスなんて初めてなので」

「世間で騒がれた、森友学園の問題なんかは評価額から8割も減額して売買したから、大問題になったんです。御社の場合、評価額から10％落としただけですよ。それも、**複数の土地・建物を全部一括で買うから、という条件のもと、減額したんです。**まとめ買いをするから安くしてもらう、というのも通常の取引では、よくある話でしょ」

このようにオフバランスを実施した際に、経営陣とやりとりをして、説明していました。

実際、評価額からの減額についての調査状況を平田常務に尋ねました。

「売買の時に評価額から10％減額したことは、何かチェックされましたか？」

「いえ、私も心配していましたが、減額そのものはチェックが入っていないです。鑑定評価の資料は丹念にチェックしている感じですが、それよりも、ちょっといやな依頼がきました」

「なんですか？」

「資産管理会社の株主をしている従業員に、面談をさせてほしい、というんです」

オフバランスをする際、売る側の会社が同族１００％の株主構成ならば、買う側の会社も同族１００％だとすると、売却損を損金計上できません。「グループ法人税制」

というものがあり、そのような規制があるのです。ただし、同族100％ではダメですが、極端な話、１％でも非同族の者が株主にいれば、損金計上できるのです。

ヒラタ建材店の場合、資産管理会社の株式を５％、経営幹部の従業員である、山口部長（仮名）に持ってもらっていたのです。そのこと自体は、不正でもなんでもありません。

「山口部長に面談したい、っていってるんですか？」

「そうなんです。今日明日、山口は支店に勤務しているので、ということで、明後日に面談を受けることになりました。それまでに、本人と打合せをしておきます。何か注意点があれば、教えていただけませんか」

ということで、山口部長に理解しておいてほしい、いくつかの注意点をお伝えしました。

「絶対にいってはいけないのは『節税のタメだと聞いています』ということです。〝節税〟という言葉を絶対に使わないことですね。山口部長は、資産管理会社設立時の株主メンバーですから、単純に、そのメンバーに入れて光栄でした、ということを伝えてもらえばいいんですよ。あとは、**聞かれたこと以外は、答えない**。これは、税務調査全般にいえることですけどね」

「わかりました。そのことはしっかり伝えておきます」

ということがあり、数日後、山口部長の面談が終わり、平田常務から連絡がありました。

「無事に終わりました！　調査官からいろいろ質問受けたみたいですが、なんとか切り抜けました！」

「どんな質問を、ご本人は受けたんですか？」

平田常務に聞いたところ、次のようなやりとりでした。

調査官「山口さんは、ヒラタホールディングス株式会社の株主ですね」
山　口「そうです」
調査官「この会社は、どんな会社なんですか？」
山　口「ヒラタ建材店で使う土地・建物を持っていて、建材店に貸している会社です」
調査官「では、年商はおいくらなんですか？」
山　口「年商は、よく知りません」
調査官「じゃぁ、経常利益はどのくらいですか？」
山　口「経常利益もいくらだったか、今すぐにはわかりません」
調査官「そうですか。株主なのに、年商も知らないし、経常利益も知らないのですか」
山　口「はい。世間の株主さんはみんな、その会社の年商や経常利益を知っているんですか？」
調査官「そうとはいいませんが、それで株主といえるのかな、と思いましたので」
山　口「知らないですけど、株主です」
調査官「それは、平田常務から何か頼まれて、株主になったんですか」
山　口「そうですね」

調査官「そうですか。どういうふうに頼まれたんですか？」
山　口「どういうふうにって、今度新たに資産管理会社を作るから、株主になってもらえないか、ということだけですけど」
調査官「他には何かいってなかったですか」
山　口「いえ、別に。他にとは、例えばどんなことですか？」
調査官「それは私にもわからないんですが、何かあればと思いまして」
山　口「特にないです」
調査官「本当ですか？　嘘だったら、山口さんも不正に加担したことになりますよ」
山　口「本当です」
調査官「では、どうして山口さんは、その申し入れをＯＫしたんですか？」
山　口「うちの会社は、創業以来、平田一族が皆さん株主になっています。そのことはほとんどの社員が知っています。そんななか、別会社とはいえ、同族以外の者で初めて誰かを株主にしようという時に、私に声をかけていただいたんです。これは私にとってはすごく名誉なことなんです。これを断る理由は私にはありません。この会社の年商規模とか経常利益とかの問題ではないんです」

このようなやりとりが、調査官4人と、山口部長1人の間で行われたのです。4対1、というだけで、山口部長には、相当のプレッシャーがかかったはずです。

面談が終わって山口部長は退席しました。入れ替わりで部屋に入った平田常務に、調査の上官がこう告げたそうです。

「山口さんは、ヒラタホールディングス株式会社の株主としての、自覚がありました」

それは、株主として問題なかった、と告げられた瞬間でした。同時に、今回のオフバランスには、まったく不手際はなく、問題のないものであった、と証明された瞬間だったのです。

国税局としては、**山口部長は株主としての自覚がなく、平田常務から頼まれてわけもわからず株主名簿に名前を連ねていた、それは単なる名義株主で、グループ法人税**

制をかいくぐるための節税策だ、と認めさせようとしていたのです。

山口部長が株主になったのは、節税のために協力した、ということにしたかったのです。先の調査官と山口部長の面談内容からも、そのような様子が十分にうかがえます。

しかし、面談の結果、その思惑は外れたのです。

結局、調査は空振りに終わり、**印紙税と交際費での指摘による、若干の修正申告に留《とど》まりました**。再び、平田常務から連絡が入りました。

「いろいろご指導いただいたおかげで、大した修正なく終了しました。ありがとうございました」

ほぼ無傷に近い調査結果に、平田常務をはじめ、経営陣は満足されたのでした。

この事例の解決法＆予防策

① 不動産売却でオフバランスをする時には、不動産鑑定士の評価を得て、価格決定の経緯を議事録として残す

② 売買契約やその後の賃貸契約は、通常の会社間で行われるのと同様に行う

③ グループ法人税制の対策で作る会社の株主には、株主である自覚を持たせておく

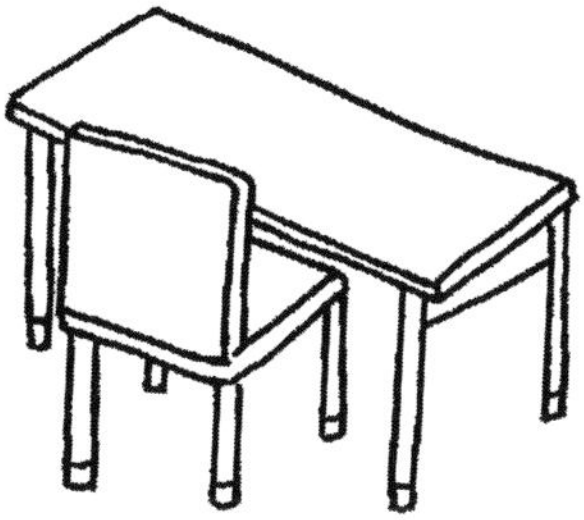

① 不動産売却でオフバランスをする時には、不動産鑑定士の評価を得て、価格決定の経緯を議事録として残す

今回の事件では、土地・建物のオフバランスによる節税が、国税局から狙われました。しかし調査の結果、そのオフバランスは承認されたのです。ここには、中小企業の経営者が知っておくべき教訓がいくつもありました。そのひとつが、**不動産鑑定士に売却する不動産の鑑定評価をしてもらう**、ということです。

不動産鑑定士は国家資格です。各市町村の固定資産税評価額を決めるための調査などを請け負っています。不動産鑑定士が評価した額にもとづくとなれば、それだけで、その価格は疑いようのないものになるのです。**鑑定評価もなく、このくらいだろう、という金額で売買するのが一番よくありません**。税務調査において、当局のつけ入る隙を与えてしまうのです。

「不動産鑑定士に知り合いがいないのですが」ということをよく耳にします。直接知

らなくても、面識のある不動産業をされている方に聞けば、必ず紹介してもらえます。あるいは、規模の大きい会計事務所なら、株価や相続税の評価で不動産鑑定士とお付き合いがあります。そのような方々に教えてもらえばよいのです。

鑑定評価額にも、幅があります。不動産鑑定士も、その幅のどのあたりを依頼者がご希望なのか、評価をする目的を聞いてきます。

オフバランスであれば、帳簿価格より少しでも低い評価額のほうが売却時の損失も大きくなり、より大きな節税対策となります。その土地を買う側の会社も、低い評価額のほうが安く買えます。

「できるだけ、低めの金額で評価をお願いします」と鑑定士に告げればいいのです。依頼者の要望に応じて、不動産鑑定士は、鑑定額の幅の中で希望に沿った鑑定額を提示してくれます。

鑑定額が出れば、それをもとに両社で売買価格を決定する、という流れになります。それが通常の価格交渉です。

「しかし、売る側も買う側も、社長は同じなんですけど」という声もよく聞きます。それでも構いません。**売る側の法人と、買う側の法人が、どのような経緯で価格を決めたのか、ということが大切なのです。**

今回の事例であれば、買う側の会社が複数の土地・建物をまとめて全部を一気に買うから、という理由で、鑑定額よりも10％、価格を下げることで交渉が成立した、という**議事録を、「売買価格決定の経緯書」、として残しました。**

双方の会社の取締役会の議事録には、売買価格は別添の「売買価格決定の経緯書」による、と記載されて残っているのです。

他にも、鑑定額を若干でも下げる理由としては、次のようなことが考えられます。

- 工場として長く使っている土地なので、他へ売る時には調査が必要になるし、場合によっては売れないかもしれない。
- 台風など自然災害が増えてきている地域であり、今後のことを考えれば治水工事などが必要になる可能性が高い。

・南海トラフ地震の被害を受けるエリアとされており、備えの工事費用が必要になる。

など、これらは実際に使われた理由です。

不動産鑑定士は、鑑定をして周辺の売買実績を調べ、資料にまとめていきます。おおむね、１か月ほどかかるので、急に鑑定しようとしても、できないのです。

また、**鑑定評価の価格は、１件につき、数十万円ほど必要になります。しかし、それをケチって鑑定士に依頼せずにオフバランスを行うことは、やめていただきたいのです。**必要なコストをかけて必要な証拠書類（エビデンス）を必ず残してください。

2　売買契約やその後の賃貸契約は、通常の会社間で行われるのと同様に行う

オフバランスで不動産を売る場合、多くはグループ内の子会社や別会社で売買されます。そのような場合、契約書を残していない場合があります。それは売却後の税務調査において、かなり危険です。うちうちで行うこととなると、中小企業はいい加減になってしまうところがあります。証拠書類（エビデンス）となる、**契約書や見積書、請求書**などを、残しておくべきなのです。

今回の不動産売買であれば、**不動産売買契約書**が必要です。特に、売買価格が1億円超の高額の土地ともなれば、社内で簡単な契約書を作成するのではなく、面識のある司法書士に作成を依頼したほうがよいでしょう。そのほうが必要項目の抜けもなくなり、より精度の高い契約書となるからです。

売買契約書なので、**印紙税**も必要になります。ケチることなく、金額に応じて必要

な収入印紙を貼るのです。**収入印紙が貼っていない、ということになると、税務調査時には杜撰《ずさん》な会社と思われます。加えて、印紙代をケチる社長なら、この売買は節税目的に違いない、と思わせてしまう、疑わしい雰囲気を出してしまうのです。**

また、**不動産をグループ内の別会社に売った場合、多くはその物件を売ると同時に、その別会社から賃貸で借りる、ということになります。なので、売買契約書と同時に、賃貸契約書も必要になります。**賃貸契約も、通常の会社間の契約同様に、進めてください。

通常の賃貸契約であれば、契約期間、契約月額賃料、敷金、月額家賃の支払い期日、解約時に関することなど、契約書に記載されています。売買契約書と同様、司法書士に依頼し作成してもらいましょう。

グループ会社間での賃貸契約の場合、特に抜けやすいのが、敷金の設定です。買う側の会社は、不動産を買ったあと、数か月後には不動産取得税を支払うことになります。不動産取得税の金額は、その不動産の固定資産税評価額の４％です。それなりの大きな金額です。なので、**その不動産取得税を払えるくらいには、賃貸契約時の敷金を設定しておいてください。**

もし、その後、契約条件を変更する必要があれば、原契約を残し、覚え書きで対応すればいいでしょう。

グループ会社間での契約取引であっても、馴れ合いにせず、残すべき契約書や覚書を残してください。**例えば契約途中で家賃を変更したものの、その変更に関する覚書がない、ということになれば、税務調査では「寄付だ」などといわれかねないのです。**

そのようなモレはまったくない、という印象を税務調査官が受ければ、それだけでも調査はスムーズに大過なく進みます。

3 グループ法人税制の対策で作る会社の株主には、株主である自覚を持たせておく

グループ法人税制とは、同族間で資産を売り買いした時に、双方の会社が同族１００％であれば、売ることは認めるが、売った際の売却損や売却益は、税務上の損金にも益金にも加算しない、というものです。

かつて、同族１００％の会社間で、不動産オフバランスによる節税策が多数発生しました。その状況を踏まえて、税務当局が網をかけることを目的に、平成22年に制定しました。いわば、オフバランス潰し、に当局が動いたのです。

しかし、そこにも抜け穴がありました。売買する双方の会社が同族１００％の場合に、オフバランスによる節税策ができないということは、**売る側か買う側の、どちらかの会社が同族１００％でなければいいということになります。**ですから、今現在も、オフバランスで含み損を吐き出し、節税に繋げる、ということが可能なのです。

というわけで、そもそも売る側の会社に非同族の株主が少しでもいるなら、不動産を買う別会社は、同族１００％でも構わないということになるのです。

今回の事件の舞台となったヒラタ建材店は、同族１００％の会社でした。そのため、新たに作った資産管理会社であるヒラタホールディングス株式会社に、非同族の株主である、山口部長に加わってもらったのです。

山口部長の場合、5%の株式を持ってもらいました。**その際の購入資金は、社長が個人的に貸し付けました。購入資金も本人が出す、となれば一番よいのですが、そのケースは少ないです。**

ではなぜ、5%にしたのか、です。

不動産を買う側のヒラタホールディングスには、資金がありません。なので、銀行から借りることになります。銀行には、別会社設立前に、オフバランスの事情を伝えて、ヒラタ建材店が保証を請け負う、ということにしました。そうすれば、新設の別会社でも、銀行は融資をしてくれるからです。

それに伴い、銀行も内部でその事情を法務部がチェックすることになります。そして法務部から質問が来ました。その電話には、私が対応しました。

「非同族の方は、何%くらい、株式を持つ予定ですか？」

「まだ決めていませんが、グループ法人税制の関連ですか？」

「そうなんです。あまり少なすぎるのも、節税目的が見え見えになりますから」

銀行法務部の方も、オフバランスの真の目的を心得ている様子でした。

銀行は、オフバランスに成功すればキャッシュフローがよくなることを、理解しています。そうなれば、その会社は返済能力が高まります。ですから、**オフバランスで含み損を吐き出すことにも、協力的なのです。**

「なるほど、何％程度なら、大丈夫なんでしょうか？」

「うちの提携する大手の会計事務所に聞いたところ、５％なら大丈夫でしょう、とのことです。」

「５％というのは、なんらか理由があるのでしょうか？」

「**上場会社なら、５％あれば大量保有株主なので、それが根拠のようです**」

と、教えていただきました。要は、**５％も保有していたら、節税のために持ったとは、当局も指摘はしづらいだろう、**とのことなのです。

そして、その**株主となっていただく非同族の方には、自分が株主である、という自覚を持っていただくこと**が重要です。今回の事件でも、調査官は、本人に株主としての自覚があった、ということで、それ以上の追及をやめたのです。おそらく、それだけ**通常であれば名義株主であることが多く、本人さえ知らなかった**、ということがあるのだと推測されます。

協力してもらう非同族の株主としてふさわしいのは、長くその会社に在籍しており、口が堅く、経営者に近い場所で管理部門の仕事をされているような社員です。忠誠心に厚く、オーナーの意向を汲んで対応できる人物です。今回の事件の山口部長も、そのような人物でした。

そして、**5年後には、山口部長から、その株式を自己株式として会社が買い取りました。山口部長が株式を買った際の購入資金は、社長から個人的に借りていました。その3倍の金額で、会社が買い取りました。**法的には、額面で買い戻せるところを、感謝の意を込めて3倍で買い取ったのです。

山口部長は借りたお金を社長へ返しに行きましたが、社長は受け取りませんでした。社長に聞くと、

「誰にでもできることではないことを協力してもらったんだから、それくらいは当然ですよ」

とのことでした。

調査官４人に立ち向かい、株主であることは自分の名誉だ、といい切った山口部長に、平田オーナー家はとても助けられたのです。社員とオーナー家、という関係ではありますが、信頼関係で結ばれた美しい絆を感じました。

〈グループ法人税制に該当する場合〉

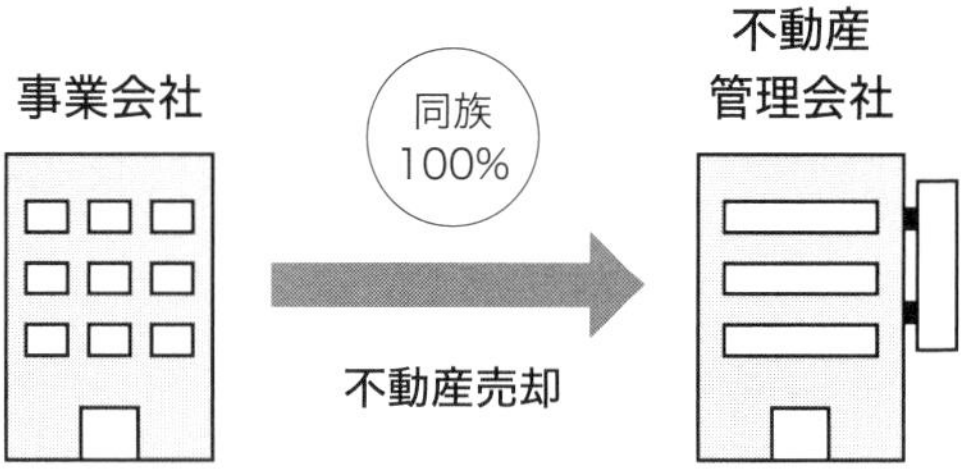

同族１００％の会社には、不動産売却はできても売却損による税効果は得られない。

〈グループ法人税制に該当しない場合〉

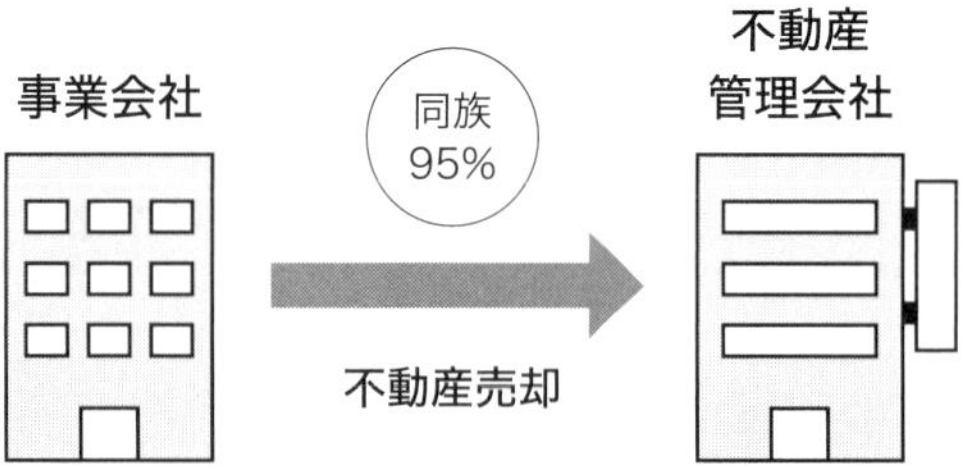

同族９９％以下の会社には、不動産売却による売却損を損金計上できる。

税効果あり！

〈議事録見本例〉

臨　時　取　締　役　会　議　事　録

令和○年○月○日当会社本社において取締役会を開催した。

取締役　総数　　名
出席　取締役　　名

議長は定刻に開会を宣し、下記の通り議事に入った

第１号議案　◎◎◎工場　土地売却の件

議長から、財務体質の健全化を目的として、◎◎◎工場の土地を不動産管理会社である、株式会社○○ホールディングスへ売却したい旨の説明が行われた。
売却価格は、　　百万円とし、その価格決定の経緯については、別紙をもとに説明が行われた。売却で得た資金は、借入金の返済に充当することが確認された。
また、売却と同時に株式会社○○ホールディングスとは賃貸借契約を締結し、現状のまま賃借する形とする旨の説明も、議長より行われた。

審議の結果、一同これを承認し、可決確定した。

以上をもって議案を終了したので議長は閉会を宣し午前○○時○○分　散会した。
尚、議事の経過並びに結果を明らかにする為にこの議事録を作り議長及び出席取締役の記名押印をする。

○○年　○月　○日

株式会社○○工業

議長代表取締役　　　　　　　㊞

出席取締役　　　　　　　㊞

出席取締役　　　　　　　㊞

出席取締役　　　　　　　㊞

臨時株主総会議事録

日時　令和○年○月○日午前○○時○○分～○○時○○分
場所　当社本店

発行株式の総数	株
自己株式の数	株
議決権を行使することができる株主の総数	名
議決権を行使することができる株主の議決権の数	個
出席した当該株主の数（委任状出席を含む）	名
出席した当該株主の有する議決権の数	個

株主総会に出席した取締役
　取締役　□□□□、◇◇◇◇

議事録の作成に係る職務を行った取締役　取締役　○○○○

定刻、定款の規定に基づき代表取締役　○○○○　は議長席に着き、開会を宣し、議事に入った。

議長は、本日の出席株主数及びその議決権の数が上記の通りである旨を報告し、本件株主総会のすべての議案を審議できる法令及び定款上の定足数を充足しており、本件株主総会は適法に成立することを確認した旨を報告した。

第1号議案　不動産の売買契約（買入）承認の件

議長より、当社の安定した収入を確保することを目的として、次の不動産を株式会社○○から購入することが、提案された。協議の結果、承認となった。

1．購入対象不動産
　住所地　　市　　区　一丁目5番1、2，9，11，
　土地5筆　計：××××××××㎡

2．契約の相手方　　市　　区　　1－1－1
　（売主）　株式会社○○
　　代表取締役社長　○○○○

3．売買代金　　　　円（含む消費税）

4．売買契約締結日　　○○年　○月　○日

第２号議案　不動産購入資金　借入の件

議長より、第１号議案で承認された土地購入に際し、次の通り、銀行より資金調達することを提案された。協議の結果、承認となった。

借入先：　銀行
借入総額：金　　　　　円
利　息：　年　〇〇％
借入実行日：〇〇年　〇月　〇日
返済開始：　〇〇年　〇月　〇日
返済期限：　〇〇年　〇月　〇日
担保提供：

第３号議案　不動産の賃貸借契約締結承認の件

議長より、第１号議案で承認された購入不動産を、賃料収入を得ることを目的として、株式会社〇〇に賃貸するため、次のとおり賃貸契約を締結する旨、説明が行われた。協議の結果、承認となった。

1．賃貸対象物件（第１号議案にて承認された物件）
　住所地　　市　区　　一丁目５番１、２，９，１１
　土地５筆　計：××××××××㎡
2．賃貸の相手方　株式会社〇〇
3．使用目的　株式会社〇〇の事務所および処理場
4．賃料　金　　万円（消費税別）／月額
5．礼金　賃料の２か月
6．保証金　賃料の６か月
7．賃貸期間　該当不動産取得日から３年（協議の上、更新可能）

以上をもって本日の議案をすべて終了したので、議長は閉会を宣した。
上記議事の経過の要領及びその結果を明確にするため、本議事録を作成し、議長及び出席取締役が次に記名押印する。

〇〇年　〇月　〇日
市　区　１－１－１
株式会社〇〇　臨時株主総会

議長・代表取締役

取　締　役

臨時株主総会議事録

日時　令和○年○月○日午前○○時○○分～○○時○○分
場所　当社本店

発行株式の総数	株
自己株式の数	株
議決権を行使することができる株主の総数	名
議決権を行使することができる株主の議決権の数	個
出席した当該株主の数（委任状出席を含む）	名
出席した当該株主の有する議決権の数	個

株主総会に出席した取締役
　取締役　○○○○、△△△△、◎◎◎◎
議事録の作成に係る職務を行った取締役　取締役　○○○○

定刻、定款第２０条第２項の規定に基づき代表取締役　○○○○は議長席に着き、開会を宣し、議事に入った。

議長は、本日の出席株主数及びその議決権の数が上記の通りである旨を報告し、本件株主総会のすべての議案を審議できる法令及び定款上の定足数を充足しており、本件株主総会は適法に成立することを確認した旨を報告した。

第１号議案　不動産の売買契約（売却）承認の件

議長より、当社の財務体質を改善することを目的として、次の不動産を株式会社○○へ売却することが、提案された。協議の結果、承認となった。

１．売却対象不動産
　住所地　市　区　一丁目５番１、２，９，１１，
　土地５筆　計：××××××××㎡

２．契約の相手方　市　区　１－１－１
　（買主）　株式会社○○
　代表取締役社長　○○○○

３．売買代金　円（含む消費税）

４．売買契約締結日　○○年　○月　○日

第２号議案　不動産の賃貸借契約締結承認の件

議長より、第１号議案で承認された売却不動産を、今後も継続的に活用することを目的として、株式会社○○から賃借するため、次の通り賃貸借契約を締結する旨、説明が行われた。協議の結果、承認となった。

１．賃貸対象物件（第１号議案にて承認された物件）
　　住所地　　市　　区　一丁目５番１、２，９，１１
　　土地５筆　計：××××××××㎡
２．賃借の相手方　株式会社○○
３．使用目的　株式会社○○の事務所および工場
４．賃料　金　　万円（消費税別）／月額
５．礼金　賃料の２か月
６．保証金　賃料の６か月
７．賃貸期間　該当不動産取得日から３年（協議の上、更新可能）

以上をもって本日の議案をすべて終了したので、議長は閉会を宣した。

上記議事の経過の要領及びその結果を明確にするため、本議事録を作成し、議長及び出席取締役が次に記名押印する。

○○年　○月　○日
市　　区　　一丁目１０番３号
株式会社○○　　　　臨時株主総会

議長・代表取締役

取　締　役

取　締　役

取　締　役

〈取引に係る経緯の見本例〉

不動産売買取引に係る経緯

株式会社○○工業（以下、甲という）の所有する◎◎◎工場の土地の買取りを行う旨の打診が、株式会社○○ホールディングス（以下、乙という）から甲へあった。

土地の住所：◇◇県△△市◎◎町１丁目１８番

売買金額について、乙の要望する購入金額は、甲が第三者に依頼して算出した鑑定評価額（　　　千円）から20％を減額した、約　　　　千円として、乙から甲に対して当初提示した。

乙による、減額要請理由

１）いずれも長年にわたって使用されている土地であり、何らかの埋蔵物がある懸念もある。調査が必要な際には、乙にて費用が必要となる。

２）昨今の気候変動により、これらの土地での自然災害リスクは以前よりも高まりつつある。

自然災害リスクに備え、耐震、耐水、治水など、順次補修工事が必要となるため。

３）コロナ禍において、土地の実勢取引価格は低下傾向であるが、コロナ禍以降の直近事例までは評価額に反映されていない。

４）◎◎市内ではここ１５年、人口減少が続いている。そのような状況において、土地価格も今後益々の低下が予測される。その状況を予測しての減額要請。

５）借り手としては甲以外に想定することはできず、貸し先がほぼ限定されるが、将来的な保証は何もないため。

６）補修工事がされていない部分もあり、新たに運用するには更なる工事費がかかるため。

７）今後３０年以内に７０～８０％の確率で起こると言われている大地震に備えて、避難可能な施設（タワー、シェルター等）を準備する必要がある。

これに対して、甲は、財務体質の改善を図る一環で土地の売却を検討していたため、乙の提示に同意をするものの、売買金額について、業務遂行上不可欠な土地であること・立地としては悪くないこと等を理由に、鑑定評価額から20％の減額は妥当ではなく、5％を減額した、　　千円で売却することを甲から乙へ提示した。

甲・乙両者が慎重に協議を重ねた結果、甲と乙の主張する減額割合の折衷として、上記鑑定評価額から約10％を減額した、　　　　千円により売買を行う旨の合意に達した。

以上

第2章

「銀行が個人保証をまったく外そうとしてくれません！」

~ご丁寧に財務局の電話番号まで教えてくれた、地方銀行員の行方~

金融庁は、銀行に対し、〝個人保証に頼る融資から脱却せよ!〟と、大きく声を上げています。平成26年(2014年)には、**『個人保証に関するガイドライン』を作成し、各銀行に指導をしました。**しかし、銀行と中小企業の交渉の現場では、そんなことはお構いなしの、仁義なき銀行との交渉が繰り広げられていたのです。

今回の事例は、東北地区でペット産業に関わる、株式会社カタオカペット(仮名)でのトラブルです。

この会社が銀行からの融資を受けることになりました。年商は約7億円の会社で、融資額は数千万円です。銀行は、その地域では2番手の、地方銀行です。

その会社の経営者である片岡専務(仮名)は、心配していました。

「ウチみたいな年商数億円程度の会社で、個人保証なしでなんて、貸してくれますか?」

「何をいっているんですか? 自己資本比率40%で、営業利益率も6%を維持し続けているじゃないですか。銀行にすればリスクの低い融資ですよ。

それに、**金融庁は保証に頼らない融資をせよ！　と、銀行に対していってるんですよ**」

「そうですか…大丈夫ですか」

「じゃあ、この資料も見せて、個人保証なしの融資をお願いします、と交渉してください」

と、『個人保証に関するガイドライン』と書かれた、金融庁の方針が記載されたパンフレットを片岡専務に渡しました。「わかりました。交渉してみます」となりました。

数日後、片岡専務から交渉結果の連絡がきました。

「銀行が個人保証をまったく外そうとしてくれません！　やっぱり個人保証は必要です、っていうんですよ」

「パンフレットも見せたんですか？」

「もちろん。いただいたパンフレットを見せて、『今は個人保証をとるな、と金融庁の指導があるんじゃないんですか？』、と支店長にいいました」
「で、支店長はなんといわれたんですか？」
「そのパンフレットを手にとって目を通して、『そうですねぇ。そのような方針があるようなんですが、実際はまだまだ、個人保証なしで融資をできるのは、上場企業だけなんですよ』といわれたんです」

ヒドイ話です。個人保証なしで融資できるのは上場企業だけなんて、大嘘もいいところです。丁寧に強くいえばそれで引き下がる、と銀行支店長は思っていたに違いありません。結局そのまま進展なく、その日の交渉は終わったのです。

個人保証に頼らない融資の指導を金融庁から受けていても、取れるものなら個人保証を取りにいく。それが現在もなお、多くの銀行の実態だといわざるを得ません。

個人保証を取り逃したからといって、銀行内での罰則はありません。しかし、**この約30年、〝不良債権を出すな！〟という金融庁の指導のもと、銀行員は口八丁で個人保証・担保を取り付けてきたのです。その結果が、銀行内の人事にも影響していまし**

た。そのためそう簡単には、その思考や行動は変わらないのです。

銀行を取り巻く経営環境・立場が悪くなっているにもかかわらず、そのことに気づいていないのです。

個人保証なしで融資できるのは、上場企業だけなんて、完全なるハッタリです。その支店長だって、わかっています。彼らはそれを専門に交渉してきたプロです。この人物のこの様子だと、こういえば銀行の意見が通るんじゃないか、と値踏みしていることがうかがえます。

ハッタリでも、個人保証を取れれば、彼らにとってはパーフェクトな融資なのです。

しかし、こちらもその条件をのむ気はありません。

「じゃあ、『金融庁にいうぞ』のカードを出しましょうか」
「えっ、そんなこと、いってしまっていいんですか？　もう絶対に貸さない、とかになりませんか？」

「大丈夫です。彼らは貸したいんですよ。『**個人保証をすることに問題がないのか、財務局に聞いてみようかと思います**』、といってみてください」

「えっ、はい、財務局ですか？」

「**金融庁の方針を各地域で実行するのは、その地域の財務局です。だから、財務局へ連絡するんです**」

「そうなんですか。わかりました。効き目ありますか？」

「銀行は金融庁サマサマ病ですよ。なんらかの反応がありますよ！」


という打合せをした後日、再度、支店長に交渉を投げかけたのです。

交渉後に、片岡専務から連絡がきました。


「支店長に、『財務局に問い合わせようかと思います』って、いってみました」

「どうでした？」

「それが…どうぞ、っていわれたんです。しかも、財務局の電話番号まで丁寧に教えてくれました」

「そうですか、そうきましたか。なかなか強気の支店長ですね。それは、片岡専務の言葉が本気だと思われていないようですね」

「そうなんでしょうか？」

「そうですよ。だったら、本気だということをわからせましょう」

「えっ…」

「伝えた通り、財務局に問い合わせるんですよ」

「いいんでしょうか？」

「そのために事前の申し入れをしているんだから、どうぞ、といった以上、先方もあとで何もいえませんよ。しかも、電話番号まで教えてくれているんですよ」

「なるほど。わかりました」

その翌日、管轄地域の財務局へ連絡し、現状を伝えて、『個人保証が外れないのはおかしくないか？』と、問い合わせることになったのです。

通常は銀行支店長に、財務局や金融庁、という言葉を持ち出すと、「いやいや、ちょっと待ってください！」となります。ところが、支店長の強気の表れか、無知なのか、「どうぞ」といわれました。となれば、実行するまでです。

交渉の言葉として財務局を持ち出すことはあっても、実際に連絡するケースは、多くはありません。

とにかく、その銀行の支店長は、何があっても個人保証は外さない、というスタンスを崩そうとしない人物でした。それだけ、不良債権撲滅のため、数多くの交渉をこなしてきた、ということでもあるのでしょう。

中小企業の多くの経営者は、そのような雰囲気に飲み込まれてしまいます。そして悪い条件で契約してしまうのです。しかし**今の時代、借りる側のほうが強い立場なのです。**

翌日、片岡専務は地域管轄の財務局へ電話をしました。

「銀行借入の時の個人保証のことでお電話しました」

というと、すぐに担当者に代わったそうです。

片岡専務いわく、「腰の低い丁寧な対応でした」とのことでした。

そこでことの事情をお伝えするわけですが、まず聞かれたのが、**会社名、所在地・連絡先、代表者名、交渉担当者名と役職、続いて相手方の銀行の名前、支店名、支店長名、担当者名**、でした。

そして、**個人保証と担保を要求されている状況**をお伝えしました。

その途中で、**総資産額、自己資本比率**など、財務状況が質問されたそうです。

「個人保証と担保なしで融資するのは、上場企業だけですよ、といわれました」

と財務局の担当者にいうと、「それはあり得ないですねぇ…」と返答されたそうです。

「それはどなたがいったのですか？」

「山上支店長（仮名）です」

といったやりとりが続きました。「わかりました。では最後に内容を確認させていただきます」となり、明らかに、電話を受けながらその場でデータ化している様子がわかったそうです。

「ではこの内容で、クレームとして対応いたします」

「えっ、あっ、そうなんですか。わかりました」

片岡専務は、ちょっと問い合わせるだけくらいの感覚で考えていたので、クレームといわれてとまどったものの、まあいいか、と思ったそうです。財務局の担当者は、最後にこういったそうです。

「**この内容で、銀行にはクレームとして1週間以内に連絡します**。ただ、銀行の対応が変わるかどうかはわかりません。この度は情報を提供いただき、大変ありがとうございました」

財務局は、中小企業の生の声を聞きたいと、待ち望んでいるのです。財務局は、金融庁の方針にもとづいて動く、各地域の実行部隊です。

「担保・個人保証に頼る融資をやめさせろ!」が、現在の金融庁の方針です。そのため、「中小企業にヒアリングして、実態を把握せよ!」が、方針実現へ向けての、金融庁から各財務局への指示となっているのです。

しかし、突然そんなことをいわれても、財務局にはノウハウもなければ、中小企業とのコネクションもありません。ホームページに、「皆さまの声をお待ちしています」と掲載する程度です。実は困っているのです。そこへ、**実態を伝えてくれる中小企業の経営者がわざわざ電話をくれたわけです。その財務局担当者にとっては、願ったり叶ったり、だったのです。**

その翌日、銀行から片岡専務に連絡が入りました。

「あのぉ、財務局のほうは、いかがでしたでしょうか？」

明らかに、これまでとは違う、丁寧すぎる態度に、片岡専務は驚きました。その前日、

「どうぞ財務局に連絡してください！」

といっていた人物とは、まるで別人の雰囲気だったのです。あの強気の姿勢はなんだったんだ、という様子だったそうです。おそらく、**取り急ぎの連絡が、財務局から銀行本部へ入り、その支店へ伝わったのではないか**、と思われます。

「ええ、財務局の方に問い合わせの内容をお伝えしました。『1週間以内に銀行に連絡します』っていってましたよ」

「そうなんですか！　あのぉ、**今回の融資に関しては、個人保証はいただきませんので、何卒よろしくお願いいたします**」

「えっ、ありがとうございます！　担保もなしですか？」

「いやいや、担保だけはお願いしたいんです」

「そうですか…」

と、その時点では、まだ、担保を要求してきたのです。その状況をすぐに私あてに連絡してきたので、

「返事はせずに、2～3日様子を見ましょう。財務局からどの程度銀行に伝わっているか、わからないので」

とした上で、返事はしばし先延ばしにしました。

すると、さらに翌日、銀行支店長から連絡がありました。

「提案書をお持ちさせていただきますので、お時間いただけますでしょうか？」

「そうですか。今日の午後でもいいですよ」

となり、支店長と担当者が、提案書を持って会社に来ました。片岡専務は驚きました。

その提案書には、

【個人保証・担保は、いただきません】

となっていたのです。

提案書を見た片岡専務は、わが目を疑ったそうです。

昨日の時点では「担保はいただきます」といっていたのに、一体何があったんだ？と、片岡専務は非常に驚いたそうです。**さらに金利条件も、要望通り、タイボ＋スプレッドの形になっていました。**

確かに、財務局へ連絡したあと、支店長の態度は変わり、「個人保証は外します」、とはなったものの、「担保だけはいただきます」と、まだ強気の部分が残っていた支店長です。それも、前日の話です。

その山上支店長が話し始めました。

「あのぉ、実はですね…今回の件で、財務局へ対応報告書を急ぎで出すことになっていまして…。財務局にお話しされた内容やその時の様子を、もう少し詳しく教えていただけませんでしょうか？」

と、こわいくらい柔らかな物腰で、いってきたのです。支店長の話によると、**前日の交渉のあと、財務局から、銀行本店を通じて、個人保証・担保に対するクレーム対応報告書の提出を要求されたようなのです。もちろんそれは本店を通じて、財務局へ提出します。**

支店長は財務局と直接やりとりしたわけではありません。片岡専務と財務局の間で、一体どのようなやりとりがあったのか、気になってしかたがないのです。しかも、**財務局の電話を受けているのは、銀行本店です。本店で対応した人物に詳しく教えてく**

れなど、支店長レベルの立場では、おそれ多くて聞けるはずもありません。状況をうかがえるのは、目の前の片岡専務のみ、なのです。

支店長の頭の中には、その時すでに、自らの人事のことがちらついていたはずです。銀行でのマイナス評価は、一生ついて回るのです。低姿勢になるのも、むりがないのです。

「間違ったことを書くわけにはいきませんので…」

となんとか苦し紛れに、支店長は言葉を続けました。片岡専務は、根掘り葉掘りと質問を受けたそうです。

そもそも、「どうぞ財務局へ連絡してください」と啖呵《たんか》を切ったのは、その支店長です。

財務局の電話番号を教えてくれたのは、その隣にいる担当者です。

弁解の余地はありません。

実は、そのいきさつさえも、片岡専務は財務局へ詳しく話していました。しかし、片岡専務は、その詳細を支店長に話すことはしませんでした。

「何を今さら、って感じですよ！」と、片岡専務は、してやったり、だったのです。

ほどなく、

「ついに、個人保証も担保もなしになりました！」

と、私あてにメールで連絡が来ました。

続けてすぐに、片岡専務から電話もありました。


「あの支店長はどうなるんでしょうか？」

「まあ、しばらくして、『お世話になりました』と挨拶に来るかも知れませんね」

「えっ、それって…」

「どこかへ飛ぶでしょうね…。銀行という組織は、そういうところですよ」

「そういえば、その支店長、私との別れ際に、こういったんですよ。『**お願いですから、もうあんまり勉強しないでください**』…と」

「いやいや、あの支店長があまりにも勉強不足なんですよ！」

勉強不足な銀行員ほど、不遜《ふそん》な態度をします。銀行を取り巻く環境の変化を、まったく理解していないのです。

タフな交渉の末、カタオカペットは、ようやく満足いく融資条件を獲得しました。

銀行支店長に倍返しできた喜びを語りつつも、今後のことの相談を受け、電話を終えたのでした。

この事例の解決法＆予防策

1. 今や個人保証も担保も、いらない時代であることを認識する
2. 銀行の格付け（スコアリング）の仕組みを知り、格付けランクの確認をする
3. 銀行にいじめられたら、〝金融庁〟〝財務局〟を使うべし！

① 今や個人保証も担保も、いらない時代であることを認識する

中小企業の社長に聞いてみると、個人保証も担保も銀行に取られています、というケースがまだまだ多くあります。しかし、今回のトラブルでもそうでしたが、今や個人保証も担保もいらない時代です。**金融庁から銀行に、「個人保証・担保に頼らず融資しなさい」とのお達しが出ているのです。**

その理由としては、経営破綻した会社の経営者が一生かけても返しきれない借金を背負わされ、一家離散や自殺者を多く生み出す温床となっていたという事実があったからです。

それでも、銀行は取れればラッキー、のスタンスで個人保証・担保の申し入れをしてきます。借りる側は、そうしなければ借りられないかもしれない、そうなると困る、ということで、銀行からの条件を安易に飲んでしまうのです。

現状、ひとつの基準として存在する、個人保証が必要な条件は、次の2点です。

①2年連続で、減価償却前の経常利益が赤字である
②債務超過である

この2点のいずれかであれば、個人保証が必要、といわれてもしかたがありません。逆にいえば、この2点に引っかからなければ、個人保証は不要なのです。該当する会社は多いはずです。加えて、**既存の融資で個人保証をとられているなら、この2点に該当しない限り、個人保証を外してもらえるのです。**

上場会社でないとムリ、規模が小さいとムリ、などということはないのです。

令和4年（2022年）、一向に減らない融資時の個人保証や担保設定に、金融庁は一石を投じました。**令和5年以降、銀行が融資時に個人保証をとる場合は、その理由を個別に金融庁へ報告させることにしたのです。**その報告は、半年に一度です。こうなれば、さすがの銀行も、個人保証をとることを控えるはずです。銀行は金融庁から

にらまれることを、最もおそれているのですから。

担保についても、金融庁から銀行に対し、安易に担保に頼ることなく事業そのものを評価しなさい、としています。要は、融資による投資の結果、会社にとってプラスになるのかどうか、それを評価しなさい、ということです。

これは、融資を受ける会社側にも協力できることがあります。

融資を受ける際に、その設備投資によって会社の収益がどう変わるのか、を示す資料を作成するのです。何もなければ、銀行側も評価などできません。できないから、担保をとって貸し倒れリスクに備えていたのです。

投資による損益計算書や貸借対照表の予測資料を作成しているような会社であれば、銀行はリスクをそれほど感じることなく、無担保・無保証で、融資をしてくれるのです。

2 銀行の格付け(スコアリング)の仕組みを知り、格付けランクの確認をする

銀行は、会社を決算書で**格付け(スコアリング)**しています。

具体的には、損益計算書と貸借対照表をもとに、決算書の数値を審査部で働く方が入力します。その入力の結果、経営指標を算出(70ページ参照)します。それぞれの経営指標には配点があります。その配点の合計で、おおむね10段階に格付け(スコアリング)されていきます。

大きなポイントは2点です。

①返済能力の配点が大きい
②営業利益を重視している

銀行格付け(スコアリング)評価項目と配点

	結果	配点	説明
1．安全性項目			
自己資本比率	%	10	自己資本／負債・資本合計
ギアリング比率	%	10	有利子負債(商業手形除く)／自己資本
固定長期適合比率	%	7	固定資産／(固定負債＋自己資本)
流動比率	%	7	流動資産／流動負債
2．収益性項目			
売上高経常利益率	%	5	経常利益／売上高
総資本経常利益率	%	5	経常利益／総資本
収益フロー	期連続	5	１００万円未満　０点
3．成長性項目			
経常利益増加率	%	5	(今期経常利益－前期経常利益)／前期経常利益
自己資本額		15	
売上高		5	
4．返済能力			
債務償還年数	年	20	有利子負債(商業手形除く)／(営業利益＋減価償却費)
インタレスト・カバレッジ・レシオ		15	(営業利益＋受取利息・配当金)／支払利息・割引料
キャッシュフロー額		20	営業利益＋減価償却費
定量要因計（A）		129	

※銀行は、企業の決算書をもとにデータ入力し、上記の配点基準で各企業を格付け(スコアリング)します。配点のなかでも、返済能力や、自己資本に関わる項目の配点が高いことが、わかります。つまり、返す力があるかどうかが、最大のポイントなのです。

銀行格付区分

格付	スコア／100点換算	ポイント	内　容	債務者区分
格付1	90以上	リスクなし	安全性は最高水準に達しており、財務内容とも極めて優れていると判断される企業。融資先としてのリスクは最小限で、債務償還は非常に安定的な収益からもたらされ、返済の可能性が最も高い。個別要因の変化はあっても、今後数年間は極めて安定的に業況推移すると考えられる。	正常先
格付2	80以上	ほとんどリスクなし	かなり優れていると判断される企業。格付1とともに上位格付の企業であり、現在のところ返済の確実性は極めて高く、業況にも懸念がない。ただし、格付1と比較すると安全性はやや劣り、長期的には与信リスクに影響を及ぼす要因が発生する可能性もある。	
格付3	65以上	リスク些少	貸出先としてはかなり魅力的。かつ安定した内容を有する企業である。返済の可能性はかなり高く、元利払いが滞る可能性は低いが、長期的な視野に立ってみると安全性を低下せしめる要因が顕在化する可能性を秘めている。	
格付4	50以上	リスクあるが良好水準	現時点での融資元利払いの確実性は高いが、やや心配な特定の要因を内包しており、将来的に返済の確実性が低下するか、信用状況に懸念が生じる可能性がある。償還能力が安定すると判断する要素が不足しており、実際上のリスクがあると判断される。	要注意先
格付5	40以上	リスクあるが平均的水準	当面の返済能力には不安がないが、格付4以上に環境の変化などにより将来において安全性が低下するおそれがある。	
格付6	25以上	リスクやや高いが許容範囲	すぐに債務不履行に陥るというわけではないが、現時点においてすでに返済の確実性が低く、安全性に欠ける。将来的にみても安全性には懸念がある。	
格付7	25未満	リスク高く徹底管理	すぐに債務不履行に陥るというわけではないが、現時点においてすでに返済の確実性が低く、安全性に欠ける。将来的にみても安全性には懸念がある。	要管理先
格付8		警戒先現在債務不履行	すでに債務不履行にあるか、あるいは重大な危険性が認められる。企業内容はかなり悪化しており、経営が行き詰まる可能性が高い。	破綻懸念先
格付9		延滞先債務不履行目処たたず	債務不履行中でかつ解消のめどが立たない。貸出金の回収に重大な懸念を生じており、損失の発生が見込まれる状態にある。経営は継続しているが回収は難しい。	実質破綻先
格付10		事故先履行の目処全くなし	不良債権化し、貸出金回収の見込みもなく、償却を要する。	破綻先

（注）実際の格付は金融機関ごとに異なります。

債務者区分と銀行格付け(スコアリング)の例

	債務者区分	銀行格付け（スコアリング）
1	正常先	①リスクなし（上場会社のみ）
		②ほとんどリスクなし(上場会社のみ)
		③リスク些少
2	要注意先	④リスクあるが良好的水準
		⑤リスクあるが平均水準
		⑥リスクやや高いが許容範囲
	要管理先	⑦リスク高く管理徹底
3	破綻懸念先	⑧警戒先
4	実質破綻先	⑨延滞先
5	破綻先	⑩事故先

営業利益を重視するので、税引き前利益や当期純利益はまったく関係ないのです。また、売上高が増えた、ということも関係ありません。結局は、本業での稼ぎで返す力があるかどうか、が問われるのです。

融資を受けている会社は、新たな決算書を銀行に提出するたび、格付け（スコアリング）ランクの見直しが行われています。基本的に、その格付けランクを、銀行から教えてくれることはありません。こちらから担当に聞けば、それとなく教えてくれます。

ですから、**「わが社の格付けはどのランクですか？」と聞いてみてほしいのです。**

「今回、決算書を提出したら、格付けランクをひとつ落とされました」

という社長がいました。

「どうして落ちたんですか！」

と、その社長が銀行担当に聞いたところ、

「今回の貸借対照表の固定資産に、新たに貸付金が発生してますでしょう。その貸付金が不透明だということのようです」

との返事をもらったそうです。

ここまでのやりとりでわかることは、まず、ランク付けは審査部の判断であり、現場の担当は申し送りを受けているだけ、ということです。

その貸付金は、総資産に比較して、さほど大きな額ではありませんでした。しかし、決算書のデータを入力して判断する基準では、貸付金は不透明なものと判断される、ということなのです。

その貸付金は子会社に貸し付けたもので、使途もはっきりしていました。ですので、その社長は貸付金の使途を改めて銀行担当に説明し、さらに融資部へ申し送りをしてもらい、格付けランクを元に戻してもらったのです。

つまり、**この貸付金のように、貸借対照表に、新たな勘定科目が発生する場合、銀行への提出時には、十分な説明をしておきましょう。でないと、データにもとづく融資部の判断になり、格付けランクが落ちる、ということがあり得るのです。**

新たな決算書の提出後には、「格付けランクに変わりありませんか？」と、確認することが大切になります。

ここで紹介した貸付金のように、確認しなければ知らぬ間にランクが落ちたまま、ということになってしまいます。特に銀行借入がある会社は、ランクの確認を、毎年行いましょう。

3 銀行にいじめられたら、〝金融庁〟〝財務局〟を使うべし！

銀行交渉に強くなるには、銀行の事情にある程度詳しくなる必要があります。交渉相手の得手不得手を知ることが、こちらの武器になるからです。今回の事件でいえば、〝金融庁〟〝財務局〟の存在です。**銀行は、金融庁をおそれています。定期的に厳しい監査を受けて、不適切なことがないかを調べられます。その下部組織が財務局です。**

ある会社の社長は、打合せ室の壁に『金融庁の電話番号』と大きく書いた紙を貼っ

ていました。銀行と打合せをしていて、何か腑に落ちないことがあると、

「じゃあちょっと金融庁に電話をしてみようかな。ええっと、番号は、これだな…」

といいながら、スマホで電話をしようとすると、担当の銀行員が止めに入ります。

「ちょっ、ちょっと待ってください社長！」

といった感じで、銀行に対して嫌がらせをして楽しんでいるご様子でした。

ただ、今回のトラブルのように、同じ銀行の支店長でも、〝金融庁〟〝財務局〟という言葉に敏感な人と、そうでない人がいるのです。支店長にも、ランクがあります。

「どうぞ財務局に聞いてください」、と今回の事件に登場した支店長はいいました。

これはおそらく、強気ではなく単なる無知だったと思われます。その後の態度の豹変ぶりからして、わかっていれば、そんなこわいもの知らずの発言をしなかっただろう、

と推測できるからです。

後日、たまたまその銀行の別部門の方にお会いする機会があったので、その支店のことを聞いてみました。

「おたくの○○支店は、支店のランクとしては、どのあたりですか？」

「あそこはですねぇ、私どもの中では、一番低いランクですね。それも下の下です」

とのことでした。つまり、そこに赴任する支店長も、支店長としては、ランクが低い、ということなのです。

銀行の各支店は、旗艦店とそれ以外、に分かれます。旗艦店は、ビジネス街の中心地にあります。取引額も大きく、トップクラスの支店長が赴任します。それ以外の支店は、あちらこちらに点在しますが、そこにも、上・中・下のランクがあります。

なかでも今回の支店は、「下」の「下」に該当するランクだったのです。ランクが低い、レベルが低い支店の支店長ほど、勉強不足で何もわかっていません。だから、平気でウソやあり得ないこともいうし、自ら地雷を踏むような発言をしてしまうのです。

もうひとつ、覚えておいてほしいのは、今回の財務局の対応です。彼らは中小企業の生の声を、喜んで聞いてくれます。**実態の声を集めることが、彼らに課せられたミッションだからです。ですから、クレームとして、即座にデータ化され、銀行に伝えられたのです。**

しかも、**該当の支店長は、クレーム対応報告書を財務局に提出しなければなりませんでした。そうなれば、銀行員としての評価に、大きな汚点が残ります。銀行では、プラス評価はその年度限りで消えますが、マイナス評価の烙印は一生ものとして、ついて回るのです。**

ですから、「財務局に聞いてみます」「金融庁に尋ねてみます」といっただけで、「ちょっ、ちょっと待ってください！」となるのです。

今回の事件での銀行との交渉を参考事例として、銀行からいわれるがままになるのではなく、自社に有利な条件での融資を、ぜひ獲得してください。

〈記入見本例〉

融資先番号

取扱番号

金銭消費貸借契約証書

（長期固定金利貸付専用）

株式会社　　御中

年　月　日

引落指定預金口座届出印

住　所
債務者

住　所
連帯保証人

住　所
連帯保証人

住　所
連帯保証人

第１条（借入要領）

債務者は、別に締結した銀行取引約定書の各条項のほか、この約定を承認のうえ次の要領によって金銭を借入れ，本日確かに受領しました。

1.	借入金額（金額の頭部に￥マーク）	十億　百万　千　円	2. 資金使途		
3.	最終返済期日	平成　年　月　日			
4.	利　　率	年　　％の割合．（年365日の日割計算）			
5.	返済方法	1. 期日一括返済 ②元金分割返済（いずれかを○で選択して下さい。）			
元金分割返済	元金均等返済				
	その他の返済				
	利息支払期および方法〔いずれかを○で選択して下さい〕	①（前払）　借入日に、平成　年　月　日までの利息を前払し、以後毎年　毎月　末　日に、向こう　ケ月間の利息を前払します。 2.（後払）　平成　年　月　日に、借入日からの利息を後払し、以後毎年　月　日に、前　ケ月間の利息を後払します。			
	・利息の計算方法は、貴行所定の方法によることに同意します。 ・計算に際して生じた端数金額の処理については、貴行所定の方法によることに同意します。				
6.	元利金の支払日が貴行休業日の場合は、その翌営業日とします。				
7.	引落指定預金口座	店名	預金種目：①普通　2. 当座	口座番号	名義人：本人

（１枚目）

第２条（損害金）

この約定による債務を履行しなかったときは、支払うべき金額に対して年14％の割合の損害金を支払います。

この場合の計算方法は、１年を365日とし、日割で計算します。

第３条（期限前返済）

1．本借入について、貴行の承諾のない限り期限前返済は行いません。

2．万一、やむを得ない事情により、貴行の承諾を得て期限前返済を行う場合において、当該返済額を貴行が期限前返済の翌日から表記最終返済期日までの期間（以下「残存日数」という）他に運用する場合の利率が表記の利率を下回る場合は、その利率の差ならびに残存日数を期限前返済元金に乗じて得られる金員を損害金として貴行に支払います。

この場合の計算方法は、１年を365日とし、日割で計算します。

第４条（元利金等の自動支払）

1．債務者は、元利金返済のため、各返済日までに毎回の返済元利金相当額を第１条第７項で指定した引落指定預金口座に預け入れておきます。

2．貴行は、各返済日に普通預金（総合口座取引）規定、当座勘定規定にかかわらず普通預金（総合口座）通帳および同払戻請求書または小切手の振出しによらず引落指定預金口座から払い戻しのうえ毎回の元利金の返済に充当できます。

3．各返済日に引落指定預金口座の残高が返済額に満たないときは、債務者は、貴行がこの取扱いを取り止め所定の延滞措置を取ることに異議ありません。

4．債務者は、第３項の場合、各返済日以降に引落指定預金口座の残高が返済日以降の遅延損害金を含めて返済額に達したときは、第２項と同様の手続きで引き落したうえ返済金に充当されても異議ありません。

5．債務者は、借入金の担保・保証に関連して負担する不動産登記費用、保証料、事務取扱手数料、火災保険料、確定日付を付すための手数料、その他一切の費用を負担し、貴行は、第２項と同様の手続きで引落すことができます。

第５条（公正証書の作成）

債務者および保証人は、貴行の請求があるときは、直ちにこの約定による債務について、期限の利益の喪失条項を明記した強制執行の認諾がある公正証書を作成するための必要な手続きをします。このために要した費用は債務者および保証人が負担します。

第６条（保　証）

1．保証人は、債務者がこの約定によって負担する一切の債務について、債務者と連帯して保証債務を負い、その履行については、債務者が別に締結した銀行取引約定書の各条項のほかこの約定に従います。

2．保証人は、債務者の貴行に対する預金その他の債権をもって相殺はしません。

3．保証人は、貴行がその都度によって担保もしくは他の保証を変更、解除しても免責を主張しません。

4．保証人が保証債務を履行した場合、代位によって貴行から取得した権利は、債務者と貴行との取引継続中は貴行の同意がなければ、これを行使しません。もし、貴行の請求があれば、その権利または順位を貴行に無償で譲渡します。

5．保証人が債務者と貴行との取引についてほかに保証している場合には、その保証はこの保証契約により変更されないものとし、またほかに限度額の定めのある保証をしている場合には、その保証限度額にこの保証の額を加えるものとします。保証人が債務者と貴行との取引について、将来ほかに保証した場合にも同様とします。

以　上

（２枚目）

〈金融機関案内例〉

日本政策金融公庫
中小企業事業

日本政策金融公庫 中小企業事業 の

保証人特例のごあんない

経営責任者の方の保証を免除または猶予する保証人特例をご利用いただけます。

■保証人免除特例

ご利用いただける方

直接貸付を利用される方
●本制度の利用には、事業の見通しなどについて、公庫の審査が必要になります。
審査の結果、本制度をご利用いただけない場合もあります。

特例の内容

保証人免除	お借り入れにあたり、経営責任者の方の保証が免除されます。 既にご利用いただいている貸付(注)についても、保証の免除を受けられます。 (注) 平成26年1月31日までに保証人特例を利用した方を除く。
利率	保証人免除を受けた貸付については、信用リスクに応じた利率(注)が上乗せされます。 (注) 一定の要件を満たす場合、利率の上乗せが免除されます。

貸付条件など

●上記以外の貸付条件は、各貸付で定められています。
●公庫が適切と認める財務制限条項（2期連続減価償却前経常赤字または債務超過にならないなど）を含む特約を締結していただきます。
財務制限条項の内容は、公庫が個別に判断します。

■保証人猶予特例

ご利用いただける方

直接貸付を利用される方
●本制度の利用には、事業の見通しなどについて、公庫の審査が必要になります。
審査の結果、本制度をご利用いただけない場合もあります。

特例の概要

保証人猶予	お借り入れにあたり、定期的な経営状況の報告など一定の特約を遵守することを条件に経営責任者の方の保証債務の発生が猶予されます（特約に違反した場合は保証債務が発生します）。 既にご利用いただいている貸付(注)についても、保証の猶予を受けられます。 (注) 平成26年1月31日までに保証人特例を利用した方を除く。
利率	保証人猶予を受けた貸付については、信用リスクに応じた利率(注)が上乗せされます。 (注) 一定の要件を満たす場合、利率の上乗せが免除されます。

貸付条件など

●上記以外の貸付条件は、各特別貸付で定められています。
●公庫が適切と認める特約（四半期毎の経営状況の報告など）を締結していただきます。
特約の内容は、公庫が個別に判断します。
●金銭消費貸借契約証書には、保証債務の発生が猶予される経営責任者の方の記名、押印が必要です。

融資のお申し込み	日本公庫中小企業事業の窓口にお申し込みください。

上記は本制度の概要です。詳しくは日本公庫中小企業事業の窓口または相談センターにお問い合わせください。

日本政策金融公庫
中小企業事業

本店 〒100-0004 東京都千代田区大手町1-9-4
http://www.jfc.go.jp/

お問い合わせ窓口

相談センター
フリーダイヤル

H2802

〈金融機関融資案内見本例〉

年　月　日

株式会社 ◎◎◎◎
代表取締役　OOOO 様

信用金庫　支店
支店長
担当
TEL　－　－

融資のご案内

拝啓　平素は格別のご高配を賜り、厚く御礼申し上げます。
この度は、御社の事業承継におけるご計画についてお役に立ちたく以下の通りご融資のご案内をさせていただきます。
是非ご検討いただきますよう、よろしくお願い申し上げます。

敬具

◎　ご提案内容

- ご提案額　100,000千円
- 資金使途　役員退職金
- 期間　4ヶ月間
- 金利　0.60%　（ 固定 ）
- 返済方法　期限時一括返済
- 保証人　不要
- 担保　不要

※ ご注意
本提案書は融資を確約するものではありません。

◇◇◇信用金庫

〈記入見本例〉

信用保証委託契約書

お客様(控)

信用保証協会　行　　　　　　　　年　　月　　日

※委託者・連帯保証人欄は必ず本人が自署のうえ、実印を押印願います　　※必ず日付をご記入願います

委託者	本社または住所	
	法人名	フリガナ
	氏名または代表者名	フリガナ　　　　印

連帯保証人	住所	
	氏名	フリガナ　　　　印
連帯保証人	住所	
	氏名	フリガナ　　　　印
連帯保証人	住所	
	氏名	フリガナ　　　　印

貴協会に信用保証協会法第20条に基づく信用保証を委託するについて、委託者および保証人は、次の借入要項および各条項を確約します。

なお、本契約は貴協会が保証を承諾し、金融機関に信用保証書を交付した日をもって成立するものとします。

［借入要項］

金融機関名	（　　　　支店）
借入形式 (該当項目を○で囲んでください)	1 証書貸付　2 手形貸付(イ 個別　ロ 極度)　3 手形割引(イ 個別　ロ 極度) 4 当座貸越(イ 貸付専用型　ロ 事業者カードローン) 貴協会の審査により借入形式が変更された場合は、その借入形式を承認します。
借入金額	金　　　　円（借入形式が2・3のロ、および4の場合は極度額） 貴協会の審査により減額決定された場合は、その決定された金額を借入金額といたします。

（契約条項裏面）

第 3 章

「うちの貸借対照表には、仮払金が1億円以上、残ったままなんです！」

〜たまりにたまった仮払金を、どうやって処理するのか〜

私たちの本拠地となる事務所は大阪にあります。私たちのもとには、関西近郊だけでなく全国各地から相談の声が寄せられます。私たちの本やセミナーなどで、我々の業務及び活動内容を知った方々が、「ここに相談すれば、なんとかなるのでは」との思いで駆け込んでこられます。ありがたいことです。

しかし逆にいえば、**それくらい、本当の困りごとの相談相手が身近にはいない**、ということでもあるのです。

今回の事件の主役となる、九州南部で建設工事業を営むオオシマ商事（仮名）も、そんな会社のひとつでした。年商は約10億円。創業者の大島社長（仮名）は当時、76歳でした。相談に来られたのは、大島社長の長女で取締役を担う、高田副部長（仮名）とその夫であり取締役で営業を統括している高田部長（仮名）でした。高田部長は娘婿で、大島社長の後継者、という立場です。

高田夫妻は私たちのセミナーにいつも参加されていました。私たちのセミナーでは、会社の決算書を使って財務面から学び、荒波にも負けない強い会社にしてもらおう、という内容で開催しています。ですので、ご参加いただく皆さまには、決算書を会場にお持ちいただいています。**「会社の決算書を見たことがない」という経営者の方が、意外に多く、**高田夫妻も最初はそうでした。

損益計算書（P／L）くらいは見たことがあっても、貸借対照表（B／S）となると、ほぼ見たことがない、という方々ばかりです。貸借対照表の見方がそもそもわからないのです。**記載された項目を全部説明できる中小企業の経営者は５％もいないのではないか、というのが私たちの認識です。しかし、会社の財務体質を左右するのは、貸借対照表なのです。**

その日もセミナー会場に、高田夫妻がいらっしゃっていました。セミナー終了後に、揃って挨拶に来てくださいました。私にとっても顔なじみのお二人なので、こちらからご挨拶しました。

「オオシマ商事さん、いつも揃ってのご参加、ありがとうございます！」

「古山先生、覚えていただいてましたか！　ありがとうございます。」

いつも元気な高田副部長がにこやかに答えてくれました。

「いつもセミナーを聞きながら、耳の痛いことばかりなんですよ」

と、続いて高田部長がおっしゃいました。高田部長も持ち前の営業気質で明るいお人柄です。

挨拶を終えて、こちらから聞いてみました。

「そういえば、オオシマ商事の貸借対照表は見たことがありませんが、何か気になるところなどございますか?」

待ってましたとばかりに、副部長の顔が少しこわばりました。

セミナー後の皆さんがほぼ退席したあとに、わざわざ私のところに挨拶にいらっしやるということは、何かそれなりの理由があるのだろうな、と私も察していたのです。

「それなんですよ。先生、セミナー終わりでお疲れのところ、ちょっとお尋ねしてもいいですか？」

そういわれて断る理由は何もありません。

「いいですよ。どうぞどうぞ」

「あのぉ、貸借対照表の資産には、余計なものを持つな、と先生はいつもお話しされているじゃないですか」

「いってますね。資産はできるだけ小さくして、必要なものだけ持てばいいんですよ」

「そうですよね。とてもいいにくいんですけど、**うちの貸借対照表には、先生のおっしゃる余計なものがどうもありそうなんです**」

はっきりしない、のらりくらりな話だったので、私はいいました。

「いやいや、高田さん、そう回りくどくおっしゃらずに。一体どんな余計なものがあるんですか？」

「実は…、うちの貸借対照表には、仮払金が1億円以上、残ったままなんです！」

「えぇーっ！　仮払金がですか？」

「そうなんです。」


いえなかったことをやっといえて、高田副部長の表情も少しラクになったように見えました。

仮払金は、貸借対照表でいえば、左側の流動資産に入る科目です。例えば社長が出張に出かける際、経理から現金10万円を出してもらい、出かけます。その時点ではお金を出しただけです。精算はまだされていません。**そのような未精算のお金が、『仮払金』という科目で、貸借対照表に記載されるのです。**

ほとんどの会社では通常、月末には仮払金がそれまで残っていたとしても、精算してもらいます。年度末ともなればなおのこと、仮払金という科目を残さないように、経理担当は未精算の人に精算するように対応します。

なぜなら、**『仮払金』という科目は、外部から見ればいわば、『使途不明金』です。決算書の評価からすれば、マイナス項目です。未精算である『仮払金』が記載されているということは、使途不明金であり、杜撰《ずさん》な会社、と判断されてしまうのです。**

「ちょっと貸借対照表を見せてください」

とお願いすると、社長の娘婿《むすめむこ》である高田部長がおそるおそる見せてくれました。

「仮払金がおおかた1億2０００万円もあるじゃないですか！」

「そうなんです」

今度は副部長が顔をしかめて返事されました。

外部から見れば『使途不明金』といえる『仮払金』が、年商約10億円の会社で1億2000万円もあるのです。尋常ではありません。**銀行からすれば、こんな会社には、危なっかしくて業績が好調でも普通の条件では貸せないな、となるのです。**

「どういうことですか？　というか、内容は何なんですか？」

と尋ねると、社長の長女である高田副部長が答えてくれました。

「**社長の未精算金です。要は、私の父です。数十万円の単位でちょいちょい出金して、まったく精算しないまま、30年近くになるんです**」

「えええっ！　何に使ったんですか？」

「わかんないです。どこかの株とか土地とか、それかどこかのお姉さんに使ったんじゃないですか。もうあきれて口もききたくないです」

話しているうちに副部長のテンションが上がってきました。そのまま続けて堰《せき》を切ったように、副部長が勢いよく話し始めました。

「私は会社に入って10年以上になりますけど、営業ばかりやってきたので、決算書なんてまったく見ませんでしたから、気づかなかったんです。それが、いずれは経営者の立場になるのだから、という思いで先生のセミナーに出始めたんです。それで決算書を初めて見て、なんだかおかしな金額のものがあることに気づいたんですよ。もう、びっくり仰天なんです！

私はこのことを知ってから、すぐに父を怒鳴り倒して、それ以降の仮払金はやめさせたんです。でも、それまでの未精算が当然、残っているんです。それが今の残高です」

社長の後継者という立場である高田部長も、その勢いに『うんうん、そうそう』とうなずくばかりでした。

社長の長女である副部長は、なかなかの豪傑です。**こういう時は、同族の者のほうが、上席である社長に対して強くいえる、という典型的なパターンです。**これが娘婿の高田部長からだと、そうはいかなかったと思います。

「そもそも仮払金が全部、社長の未精算金だと、どうしてわかったんですか？」

「経理に聞いたら、教えてくれました」

「普通は経理の立場なら、精算してください！　って、社長だろうが誰だろうが、きつくいいますけどね。」

「いや先生、うちの経理はそんなことをいえる感じの人じゃないんですよ」

「それは経理に向いていないですね」

「そうなんですよ。」

「しかし、顧問税理士はなんていってるんですか？」

「それが先生、セミナーでいっていた通り、うちの税理士がまったくダメなんですよ」

「どういうことですか？」

「うちの社長には弱くて何もいえないタイプで、この仮払金、どうしたらいいですかって聞くと、『このまま置いておくしかないですね』、っていうんですよ」

「ええっ、あまりに無責任でしょ！　だって、放置しているばかりか、毎年、金額が膨らんでいたんでしょ！」

「そうなんですよ。」

「そんな税理士、やめさせたらいいじゃないですか？」

「父（社長）が切らせないんです」

「どうしてですか」

「そこの事務所の大先生が高校の同級生なのと、たぶん、他の税理士に替わると、仮払金のことが明るみに出るのが、イヤだったんじゃないですか」

「たぶん、そうでしょうね。社長本人は、仮払金を精算していないことを自覚していたんですか？」

「お恥ずかしながら、自覚していたみたいです。どうするつもりなの！　と私が社長に強く詰め寄った時も、困った顔だけして、『いやぁ、どうにかなるんじゃないか』とか適当にいってごまかそうとするんですよ！　あんなの社長失格ですよ！」

またまた副部長のテンションが上がってきました。しかし、副部長のいう通りなのです。それに、社長の伴侶であった副部長のお母様は、すでにお亡くなりになっていました。杜撰《ずさん》な使途不明金のことを、身内である社長にきつく詰め寄ることができたのは、長女である高田副部長だけだったのです。

娘が父に強く厳しく問い質《ただ》したことで、父がタジタジになった、というこの親子関係に、その後の解決策を練る上で助けられました。

少なくとも父である大島社長は、そのような娘に対して、真っ向勝負を挑むような人物ではなかったのです。娘には弱かったのです。このような親子関係が、オオシマ商事を窮地から救うことになろうとは、この時は誰も考えもしませんでした。

まずはセミナー会場でおおまかな現状をうかがい、お二人とは後日改めて、相談の場を設けることにしました。そしてその当日、再度確認しました。

「高田部長、副部長のご意向としては、仮払金の約1億2000万円を、どうやって処理すればいいのか、とのご相談でよろしいでしょうか」

「はい、そうです」

お二人揃ってお返事をいただきました。

「社長には仮払金を精算するだけの経済力は、ありそうですか？」

「はっきりいって、ないです。そこはこれまで、しつこく何度も聞きましたので」

社長の長女である副部長が即座に返答しました。

「そうですか。わかりました。大島社長は創業者ですよね」

「そうです。創業以来、40年近くになります」

「社長への役員報酬は、月額おいくらですか？」

「150万円です。私にしたら、納得いきませんけど」

副部長は社長のこととなると、いちいち腹だたしいようでした。

「なるほど。それはよかった」

「何がよかったんですか？」

「社長には退任してもらって、退職金を出しましょう。で、その退職金で仮払金を精算したら、問題の仮払金は消えますよ」

「そんなことできるんですか？」

と、今度は高田部長が聞いてきました。

「できます。**退職金の計算式は、月額報酬×役員就任年数×役職功績倍率です。**月額150万円で40年なら、150×40で6000万円です。それに社長の場合、功績倍率が3倍で計算すれば、6000万円×3倍で、1億8000万円です。**税金がおおむね25％だとしたら、1億3500万円が本来の手取り金額です。そこから仮払金を相殺して、残金だけ本人に振り込めばいいんですよ」**

「あの社長にそんな高額な退職金を出すんですか！」

父である社長の杜撰《ずさん》さに腹を立てている副部長としては、どうしてそんな高額をあんな社長に！　との思いだったのです。

「まあ落ち着いてください。出すといっても、本人の手に残るのは、1000万円くらいですよ。それに、この方法なら正当なやり方ですから、あとで何も気にすることなどないんですよ」

「そんな方法で仮払金を消せるなら、それがいいんじゃないかな」

社長の娘婿である高田部長が、落ち着いた口調で副部長に向かっていいました。その声に、副部長も少し落ち着きを取り戻したかのようにいいました。

「まあ、それもそうですね。わかりました。その方向で進めたいと思います」

高田部長の言葉で、副部長の気持ちもおさまったようで、**高額退職金を支給して仮払金を相殺する、という方法**を進めることになりました。

「社長が退職するとなったら、次の体制はどうすればいいでしょうか？」

高田部長が聞いてきました。「そうか。それもそうですよね」と副部長が続きました。それに対しては、私の案を伝えました。

「もちろん、高田部長が社長になって、副部長が副社長になればいいんですよ。**いつかはそうなるはずだったんだから、これを機に、後継体制に移せばいいんですよ**」

「そりゃあ、そうできれば、願ったりかなったりですが、どう？」

高田部長はそういいながら、副部長の顔をのぞきました。

「先生、私たちで大丈夫だと思いますか？」

若干の不安があるのか、今度は副部長から私に聞いてきました。

私は次のように答えました。

「いけますよ。実際、現状はお二人で社内の業務が回っているんでしょ。何も問題ないじゃないですか」

「いやまあ、そうなんですが。なんかちょっと不安もあって…」

「ただ、お願いごとがひとつあります」

私は副部長にいいました。

「副部長は副社長になると同時に、財務経理のチェックをすることと、必要な勉強をしてください。それと、**銀行交渉も新社長と副社長、お二人で対応してください。不信感を抱いている銀行にも、これまでとは違う、という印象を与えたいですから**」

「わかりました。ありがとうございます。そのようにさせていただきます。私からもお願いですが、困った時は古山先生に連絡しますから、その時は助けてください」

「当然です。困ったことがあればいつでも連絡ください」

「はい！」

二人揃って元気よく返事をされました。

後継のお二人が、次代のトップを担う決意をした瞬間でした。

「ところで、退職金を出して多額の仮払金を相殺する、ということは、私から大島社長に伝えましょうか？」

ことの張本人に誰がこの始末の方法を伝えるのか、肝心の場面でためらいがあってはいけませんので、私から伝えることを提案しました。それに対して、高田副部長がきっぱりといいました。

「いいえ、先生、それは私がいいます。というか、私にいわせてください。絶対に、『うん、わかった』といわせますから。それに、その時の父の顔が見たいんです。**父のケジメは、私がつけさせます！**」

なんとも芯のお強い女性です。一体全体、どなたの血を引いたのか、不思議になるくらいです。

そうして数日後、高田副部長から連絡が入りました。

「古山先生！　社長に今後の処理方法のことを伝えて『うん』といわせました！」

「そうですか！　どんな顔を見れましたか」

「もう、びっくりですよ！　『1億円以上の退職金を出してそれで精算するわよ！』っていったんです。そうしたら、『そんなに退職金もらえるのか！』と、とても嬉しそうな顔をしたんです！

だから、その返事と表情にまたムカつくから、いってやったんです。

『何いってんのよ！　お父さんの借金を返すために、そんな高い退職金出すのよ！　このまま死んだら、あの世でお母さんからもシカトされるわよ！　それでもいいの！　1億円以上の退職金を出すけど、お父さんの手元にはビタ一文、入らないからね！　覚悟しといてよ！』

そうしたら、急にシュンとした表情になったんですよ！　そして『うん』といったんです。気持ちよかったです！　スッキリしました！　今日はこれまでで一番美味しいビールを飲めそうです！　祝杯ですよ！　ハッハッハッ！」

いやはや、娘を敵に回すとおそろしい、と思い知らされた瞬間でした。

その後、大島社長には退職金が支給され、問題の仮払金は完全に精算されました。結局、退職金の額は、仮払金の額から逆算して計算し、税金を除けばビタ一文、本人の手元には残らない金額で、設定されたのです。

父にはめっぽう強い娘だったからこそ、勝ち取ることのできた、**不良資産のオフバランス**だったのです。

今にして思うのは、もし高田副部長が娘ではなく、息子だったらどうだったのか、ということです。**息子が父に強い態度に出て、うまくいった試しはありません。父も売り言葉に買い言葉でいい返します。話はどんどんもつれていきます。**

娘に弱い父と、父に強い娘、の関係であったからこそ、スムーズにトラブル解決へと進んだのだと思うのです。**中小企業においては、このような人間関係の強弱が、トラブル解決への大きな要因となるのです。**

そしてその後は、高田社長、副社長の体制となり、ＩＣＯ（アイ・シー・オー）コンサルティング式の財務管理手法を徹底的に実践することで、超スリムで強い財務体質へと変貌を遂げました。

この事例の解決法＆予防策

① 経理と顧問税理士は、それぞれの役割を責任を持って果たせる人物を選ぶ
② 仮払金の制度をなくすことも考えてみる
③ 月額報酬が退職金算定の基礎となることを前提に考えておく

① 経理と顧問税理士は、それぞれの役割を責任を持って果たせる人物を選ぶ

今回の事件では、**未精算の仮払金**が1億2000万円にも積み上がっていました。これはあまりにも異常な金額でしたが、数十万円や数百万円規模の仮払金、というのは時折見かける数字です。上場企業なら絶対に許されません。監査法人に指摘されると一撃でアウトです。

その点、チェックが緩《ゆる》くなるのが中小企業の悪いところです。**監査役がいても名前だけで、そのようなチェックをしてくれる存在ではありません。ですから、経理担当や顧問税理士の役割が大きくなります。**

特に、仮払金を精算する立場の経理であれば、なおのことです。

「社長！　仮払金の精算を早くしてください！」

相手が誰であろうと、精算業務に対する使命感から、精算を迫る。そういう経理担当が望ましいのです。ところがオオシマ商事の経理担当は、高田副部長の言葉通り、そんな感じの人ではありませんでした。お会いしたところ、おとなしく気が弱いタイプで、コツコツと仕事はするものの、「早く精算してください！」といえるような人ではありませんでした。

さらに悪いのが、顧問税理士事務所の対応でした。正確にいえば、税理士ではなく、税理士事務所に勤める、税理士資格のない担当者でした。

その方にお聞きしました。

「どうして、こんなになるまで仮払金で放置してきたんですか？　そんなことをさせないようにチェックするのが、税理士事務所の役割でしょ！」

その担当者はいいました。

「いや、おっしゃる通りなんです。しかし、**私が担当した時には、仮払金が1億円近くになっていて、そのままにしておくしかないな、と思い込んでいました。**古山先生がおっしゃるような、退職金で相殺する、なんていう考えは浮かびませんでした」

結局、くさいものにフタをしていただけでした。自分が担当を外れるまで、そっとしておこう、というような思いだったのです。

「事務所の大先生はどうおっしゃっていたのですか？」

彼が務める会計事務所の代表の考えはどうだったのか、を聞きしました。

「聞いてみたことがあるんですが、どうやらそんなに高額になっているとは思っていなかったみたいです。『大島社長に精算するようにいったことはある』とはいってました」

「仮払金」や「貸付金」は、銀行の判断材料になっている！

「仮払金」や「長期貸付金」が数年にわたって変わらず存在すると、お金の管理が杜撰と判断されます

これも中途半端な逃げ口上としか思えない発言です。この事務所の代表は大島社長の高校時代の同級生であり、そのよしみで仕事をもらえていました。

オオシマ商事の仕事がなくなっても問題ないくらいに繁盛している税理士事務所ならいざ知らず、仕事が少ないからか、厳しい態度で臨む覚悟がまるでありませんでした。同級生同士、なあなあの関係のまま、顧問税理士として居続けられたらそれでいいか、という考えだったのです。

会計における杜撰《ずさん》な処理は、やがては大きな腫物《はれもの》になっていきます。そうならないように、**経理や顧問税理士は、課せられた業務の役割を着実に果たしてくれる人物をしっかりと選んでください。**

2 仮払金の制度をなくすことも考えてみる

社長や会長が仮払金を経理からもらって出張に出かける。このやりとりは、今も多くの中小企業で存在します。その際に、仮払金の精算が遅れるというのも、中小企業のあるあるです。

仮払金だけではありません。『短期貸付金』となっているものの、中身を聞いてみると、「社長への貸付金です」ということも多いのです。3〜5年分の決算書を拝見すると、『短期貸付金』なのに金額がまったく変わっていないなど、貸しっぱなしになっている、ということが一目瞭然でわかります。

それだけで、「この会社はお金の管理が緩いな」「杜撰だな」と感じてしまうのです。

事例の文中でも書きましたが、**銀行から見ても、『仮払金』『貸付金』という科目は使途不明金にあたり、格付け（スコアリング）を落とす要因になります。せめて決算書に載らないように、使途不明金と判断される勘定科目は、年度末に残高が残らないように精算処理をしておくべきなのです。**

会社の財布は社長・会長の財布ではありません。いまだに会社のカネはオレのカネ、といった公私混同もはなはだしい経営者がいるのです。そのような経営者の下で働く社員は、あまりにも気の毒です。

そもそも、『仮払金』という制度をなくすべきなのです。時代はキャッシュレスです。会長・社長だけでなく、一般従業員でも、ほとんどクレジットカードを持っている時代です。クレジット払いなら、支払いの時に現金は不要です。お金が必要なことがあれば、個人で立て替えてもらい、精算して給与時などに振り込めばいいのです。

『仮払金』という制度があると、それだけで管理業務が増えます。現金を用意する、仮払金の伝票を管理する、精算を管理する、など。DXといわれる時代に、余計な労務コストをかけて、なんの付加価値もない業務を行っていることになります。そんなバカバカしいことは、すぐにでもやめるべきなのです。

3 月額報酬が退職金算定の基礎となることを前提に考えておく

今回の事件では、大島社長に仮払金を完全精算できる金額の高額退職金を支給することで、仮払金を帳消しにする対策を実行しました。それは、大島社長が月額報酬を

150万円もらっていたからこそ、すんなりとできたのです。大島社長はその時点で76歳でした。もし、年金をもらうために月額報酬を15万円に下げていた、となると、ことはそんなに単純に進めることはできませんでした。

一般的な退職金の計算方法にあてはめると、15万円程度では、役員在籍年数が40年であったとしても、1億円には届きません。

※役員退職金＝（最適月額報酬×役員在籍年数×功績倍率）＋功労加算金（30％）

ですから、高額退職金をいずれはもらいたい、と考えているのなら、月額報酬を変に下げないでください。

「月額は15万円ですが、賞与の時に1500万円以上もらってます。平均したら月額150万円になりますよ」

という方が時々いらっしゃいます。しかし、それは月額報酬として認められません。**あくまでも毎月の月額報酬がいくらなのか、ということが退職金算定の基礎となるのです。**

「その計算式は法律ですか？」といわれると、法律ではありません。**しかし、役員の退職金の算定方法として、税務当局も認めている計算方法です。それなら、それに合わせて計算すればそれなりの金額になる、としておくことが得策なのです。**

もしも今回の事件で大島社長の月額報酬が15万円だったなら、何か別の証拠を揃えて、月額１５０万円で計算した、とすることが必要になったのです。

例えば、次のようなことを証拠書類（エビデンス）として揃えなければいけません。

- **すでに二人の後継者に任せているので、数年前から月額報酬を減額していた。それまでは１５０万円だった。**
- **コロナショック以降、減額したが、それまでは１５０万円だった。**
- **今までの最高は月額１００万円であるが、同規模同業の社長の役員報酬データによ**

ると、平均は１５０万円だった。そのため、１５０万円を算定月額報酬とする。

少し面倒なのと、どこまでいっても、「大丈夫だろうか」という不安がついて回ります。１億円以上の高額退職金を支給するとなると、証拠書類をしっかりと確保しておく必要があるのです。

もし、**のちの税務調査で退職金として認められず、給与扱い、ということになると、法人も個人も追徴課税となります。**

法人なら役員退職金が〝給与扱い〟になれば、損金扱いから外れます。個人にしても、給与扱いとなれば、退職金の優遇税制は認められないことになります。

そんなことにならないように、社長に対する役員の月額報酬はしっかりと支払っておいてください。

第 4 章

「亡くなった監査役が銀行から多額のデリバティブを契約させられていました！」

～為替先物契約の損失処理を迫る銀行に、どうやって対抗するのか～

ある女性から、1本の電話がありました。その女性は、日本の誰もが知る著名な人物でした。縁あって知り合った経緯から、藁《わら》をもすがる様子で私たちに助けを求めてきたのです。

「うちの父が経営している会社が、大変なことになっているんです！　助けてもらえますでしょうか」

女性は早口で続けました。

「詳しいことは、私の妹の夫であり、父の会社の取締役をしている、川崎（仮名）から聞いていただけますでしょうか。私が説明しても、よく理解していないところがあるので。どうぞよろしくお願いいたします」

この電話を聞いただけで、かなりヤバイ案件だな、という察しがつきました。**私たちに連絡があるのは、どこに聞いたらいいかわからない案件や、どこにも相談しよう**

のない案件、秘密裏に処理したい案件、ばかりなのです。

助けを求めてきた方々の要望にお応えするのが私たちの仕事です。まずは、依頼してきた女性のいう通り、川崎取締役に連絡し、訪問することになりました。

その会社は、海外から資材を輸入して日本国内の企業に販売する貿易卸業でした。会社名は、山城貿易産業（仮名）です。

川崎取締役は、この会社の創業者である山城社長（仮名）の娘婿です。

ことの経緯を川崎取締役にうかがいました。

「一体、何があったのですか？」

「銀行が勧めるデリバティブ商品を会社がたくさん買っていたのですが、想定以上に円高が進んだせいで、莫大な損失を抱えてしまっているんです。その損失処理を銀行が迫ってくるのですが、処理するには多額の借金をするしかなく、そんな力はわが社にはないんです。このまま銀行のいう通りに損失処理をすれば、会社は潰れてしまいます」

「なるほど。しかし、どうしてまた、貿易業をしているからとはいえ、そんな過剰なデリバティブ契約をしていたのですか？」

「その契約をしていたのは、経理担当で監査役をしていた、義理の母なんですが、その母は、２か月ほど前に急死したんです。その亡くなった母が銀行と話をして契約を進めていたので、その経緯を誰も知らなかったんですよ」

「どういうことですか？」

「葬儀の席で、参列に来た銀行担当から、声をかけられたんです。『この度はご愁傷様です。ところで、お母様には生前、為替デリバティブの今後の件でお話をさせていただいていたのですが、何か聞いていらっしゃいますか？』といわれて、そんなこと、家族の誰も知らなかったので…それで初めてわかったんです」

「そうはいっても、為替デリバティブ契約には、代表者の捺印などがいるでしょう？」

「それが、社長である義理の父は、『押したかもしれないけど、何も覚えていない』っていうんです」

「そんな無責任な！」

「『お金のことは妻に任せていたので、妻からいわれれば全部捺印していたから覚えがない』と…」

中小企業の実態なんて、まだまだそんな会社が多いのです。

「それで、実際に今はその為替デリバティブの何が問題で、銀行は損切りを迫ってきているんですか？」

「それなんですが、**想定以上の円高になっていて、損失がどんどん膨らんでいるんです。それで銀行は、いったんここで損失を確定して精算してください。精算にお金が必要なら貸しますので、と。**

それが取引先の４銀行全部なんです。ひとつの銀行で損失確定したら、他の銀行もそうせざるを得なくなります。でもそうなると、抱える借金が大きすぎて、うちは潰れてしまいます。銀行はそれも見込んでいて、ＡＤＲ（裁判外紛争解決手続）にしたらどうか、といってくるんです」

ＡＤＲ（裁判外紛争解決手続）は、金融トラブルにおいて、債権者と債務者の損失割合を決める手続きです。一見、いいように見えますが、**その手続きにあたる人や、ＡＤＲ関連の人物は、金融機関出身者ばかりです。ですから、結局、金融機関に有利な決定が下されるだけなのです。**

銀行はそのＡＤＲに持ち込み、大過なく終わらせようとしています。それが、銀行内部的にもスムーズに済ませられる方法になるからです。

いずれにせよ、会社には莫大な借金が残され、延々と返済し続けることになってしまいます。そんな財務状況に陥ると、ちょっとした荒波が来たら、もう一撃で倒産です。

２０１１年、１ドル70円台にまで突入した超円高がありましたが、その当時、中小企業で同様の被害がたくさん出たのです。

「ひどい話ですね。銀行は潰れると見込んで、ＡＤＲにかけて少しでも回収できるように持ち込もうとしているんですよ。どうせ銀行の回し者が手続きの担当になって、この案件を進めるんでしょうからね。

ちなみに、お亡くなりになられた監査役のお母様は、デリバティブの知識なんて、お持ちだったんですか?」

「まったくないです。**たぶん、銀行にいわれるがまま、契約を進めたんだと思います**」

そのひと言で、勝機を見出しました。

大した説明もなく、デリバティブの契約を銀行は迫ったのです。リスクを説明したとしても、理解するだけの知識もない人物に売りつけたのです。そこで、売った銀行に責任がある、といい逃れて時間稼ぎをする作戦を思いつきました。

「わかりました。資料一式を見せてもらった上で、一度、その銀行担当にも一緒に会いましょう。おひとりでは心細いでしょうから」

「そうおっしゃっていただけると、気持ちが少しラクになります」

ということで早速、日を改めて、あるメガバンクの担当者と会うことになりました。

銀行の担当者からの説明とお願いをひと通り聞き、こちらからも切り出しました。

「損失が出ているのはわかります。しかし、お亡くなりになられた監査役は金融のプロでもないし、そんな専門知識はお持ちでなかった、と聞いています。そのような方に、そんな高額な為替デリバティブの契約をさせるなんて無茶でしょう」

「そういわれましても、リスクも説明させていただきましたし。無茶な契約ではなかったと理解しております」

「そもそも、おたくが売った為替デリバティブの商品は、どういう仕組みの商品なのか説明してもらえますか？」


とっさにいわれた銀行の担当者は焦《あせ》りました。


「その時は専門の担当が説明したので、今ここで説明するとなると、ちょっと…」

「そんな、担当者が理解していない商品を、売るんですか？」

「商品の内容やリスクを説明するのは、金融工学をもとに設計された複雑な内容ですので…」

「だから、**そんな複雑な商品を、何も知らない中小企業の経理担当監査役が理解できるわけないいじゃないですか**」

「しかし、実際に契約もされていて、大きな損失の処理も必要になっていますので…」

「ひょっとしたら、そんな大きな損失になってしまったことが、監査役の心労に差しさわり、お亡くなりになったかもしれないんですよ。この監査役の娘さんはどのような人か知っているでしょう？」

「えぇ…存じ上げています」

「このことが公《おおやけ》になったら、彼女のお母さんは銀行に殺された！っていう週刊誌の記事になってもおかしくないですよ。週刊誌にしたら、格好のネタじゃないですか。いいんですか？　そうなったら私は全部正直に、記者に話しますよ」

「そ、それは困るんですが…」

「そうでしょ。困るでしょ。だから、そんなに慌てて損失処理をせずに、少し為替変動の様子を見てくださいよ。それからでも遅くはないでしょ」

といった対応で、各銀行と打合せの場を設けては、求めてくる損失処理をのらりくらりとかわしながら、時間の経過を待ちました。

すると、超円高だったのが3～4か月で、じわりじわりと円安に動き始めたのです。

「1ドルが110円までになってくれれば、解約しても損失は発生しないんです！もうすぐです！」

との連絡が、川崎取締役からありました。その望み通り、110円ラインに到達しました。そのあと随時、各銀行のデリバティブ契約を解約処理し、損失処理を免れたのです。

この当時、似たような被害が多く発生しました。そのほとんどは、銀行から迫られるまま損失処理に応じていました。その結果、多額の借入金を新たに背負わされたのです。

今回のトラブルの舞台となった山城貿易産業のように、時間稼ぎでねばって難を逃れた、という事例は他に聞くことがありませんでした。

その後、山城貿易産業は順調に事業を行い、過剰な借入金もなく邁進されています。不測の事態の矢面に立たされた、娘婿である川崎取締役は社長となり、今回のトラブルを教訓とした経営管理をされています。

この事例の解決法＆予防策

① 中身を理解できない金融商品を契約するべからず
② お金の管理は任せっぱなしにせず、チェックすべし
③ たとえ小規模な会社でも、大きな案件は取締役会・株主総会で意思決定せよ

1 中身を理解できない金融商品を契約するべからず

今回のトラブルでは、残念ながら急死された監査役は、経理担当であり銀行交渉も担っていました。しかし、金融商品の専門知識をお持ちではありませんでした。ただ、貿易関係という商売柄、為替の先物取引を行うということは、必要だと思われたのでしょう。

そのため、**商品の内容やリスクを、ほとんど理解しないまま、銀行から勧められるがままに、契約本数を増やしていました。ところが想定以上に円高が進んだため、莫大な損失を抱える結果に陥ったのです。しかもその契約を、新たな銀行借入金までして契約していました。**

その借入をしてまで買った商品が損失を生み、さらに借入をしないといけない状況になってしまいました。

金融商品には、必ずリスクがあります。そのリスクを十分に理解せず、借金までしてその商品を買えばリスクはさらに増幅します。

デフレ化の低金利時代において銀行は融資の金利では儲からず、金融商品の販売に力を入れました。そのほうが、各種手数料などで大きく儲かったからです。そのような商品を勧められた多くの経理・財務担当は、金融商品の知識など十分には持っていませんでした。この時期、全国あちこちの中小企業で、同様の事件が勃発したのです。

もっとひどいのは、貿易業でもなんでもないのに、ドル円の先物為替商品を銀行から買わされている社長もいました。

「儲かりますよ」といわれると、色気づくのが中小企業の社長です。**銀行は、その心理をうまくとらえ売りまくったのです。その結果、本業とはまったく関係のない金融商品で大損する会社が多発しました。**

内容を理解していない会社に、高リスクの金融商品を売りつけた銀行が悪いのは当然です。しかし、銀行のいうことを鵜呑みにして、契約してしまう社長や経理・財務担当にも大きな責任があるのです。このような被害が多い一方で、

「うちの会社では必要ないので契約しませんでした」
「ほんの少しだけ契約して、あとは断りました」
「内容をよく理解できなかったので、やめました」

というお声もたくさん聞きました。

- メリットがあり必要だったとしても、過剰に契約しない
- 本業に関係のない金融商品を買わない
- 内容をよく理解できない商品の契約はしない

という3点は、ぜひ守ってください。このこと自体が、危機管理になるのです。

② お金の管理は任せっぱなしにせず、チェックすべし

今回の事件でもう一点問題なのは、社長がお金のことを妻である監査役に任せっぱなしにしていた、ということです。

デリバティブ商品を多数契約していたことがわかったのは、監査役の葬儀のあとでした。銀行から相談されてわかったのです。しかし**契約書を確認すると、代表印が押されています。代表印は社長が押していたのです。ところが内容も何も確認せず、お金のことは全部妻に任せているから、という理由で、ポンポン捺印していました。**

もし捺印時点で、「この契約はなんだ？」となっていれば、被害を防げた可能性が大きいのです。

どの業務もそうですが、**特にお金に関わる仕事は、その業務を複数でチェックすべきなのです。なんのチェックもないから、このような独断での不相応な契約や、横領事件などが発生してしまうのです。**

時々でもチェックしていたら、それだけで抑止力が働きます。何もなければ、深く考えずに進めてもいいだろうという気持ちに担当者はなってしまいます。そうしてどんどんエスカレートしていくのです。

妻に経理担当をさせる、というのもやめていただきたい。女性の経理担当は9割が、借入をしてまで過剰な現預金を抱えようとします。借金なのに、現預金の大きさだけを見て、安心されるようなのです。その結果、余計な金利を払い、総資産を膨張させてしまいます。自己資本比率などの経営指標は悪くなり、銀行からの格付け（スコアリング）にも、マイナスの影響を及ぼします。

このようにいうと、

「経理は身内の者がやらないと危ない」「親族の給与を知られたくない」などと反論する方がいます。

身内かどうかなんて、関係ありません。危ないことが起こらないようにすればよいのです。会社のオーナーの親族の給与を、従業員は特に気にもしていません。そんなものか、と思うだけです。

それに、妻が経理担当だと、夜のお店の必要経費など精算しづらくなります。そのことを嘆いている中小企業の社長を、たくさん見てきました。

いずれにせよ、**お金のことを担う担当者は、不明なことは質問する、大きな金額のものは確認する、などを常に意識してください。**それだけで、お金のトラブルや事故を、なくすことに繋がります。それに加えて、魔が差して横領事件を起こすような社員をなくすことができるのです。

3 たとえ小規模な会社でも、大きな案件は取締役会・株主総会で意思決定せよ

株式会社には、規模の大小に関係なく、株主総会や取締役会が必要です。取締役会が必要ないのは、定款で取締役会を置かない、と定めた会社だけです。それでも、大きな意思決定の際には、取締役の過半数によって決定したとする、記録文書が必要になります。

しかし**多くの中小企業では、株主総会や取締役会は議事録だけ。実際には開催していないし、したこともない、という会社がほとんどです。議事録さえ残していないケースもあるのです。**

私たちが関わって、

「これは大きな案件の意思決定なので、臨時取締役会を開催して議事録を残しましょう」

というと、

「取締役会って、どうやって開催するんですか？」

など、「そこからですか…」という返答がきたりします。いわゆるリーガルマインド（法的思考）を備えた中小企業が、少なすぎるといわざるを得ないのです。

今回のトラブルのような、高額の為替先物契約なら、せめて取締役会での承認決議を得るべきです。そのような手順で意思決定するように、会社法では決まっているのです。それをまったく無視して、なんでも好き勝手に決めて契約してしまうのが同族企業の悪しき慣習であり欠点です。

多額の借入金、高額の設備投資、高額の役員退職金、億単位を超える契約、など、議決を必要とする案件を会社内部で決めて、その決まりに沿って、取締役会を開催して、意思決定の議事録を残してください。

何もせずに意思決定すると、あとでトラブルが発生しても、なんの証拠もないことになってしまいます。

取締役会や株主総会の開催手順は、会社の定款に定められています。今までまったく開催していないという会社は、まずは定款を確認してください。そして、その手順に従って開催し、正しく議事録を残しましょう。司法書士任せにして形だけの議事録だけを作成するのではなく、今後は手順通りに開催してください。

コンプライアンス(法令順守)が厳しいこの時代、今まで通りのやり方では、そのうち、しっぺ返しを食らうことになるでしょう。

デリバティブ損失による財務への大打撃！

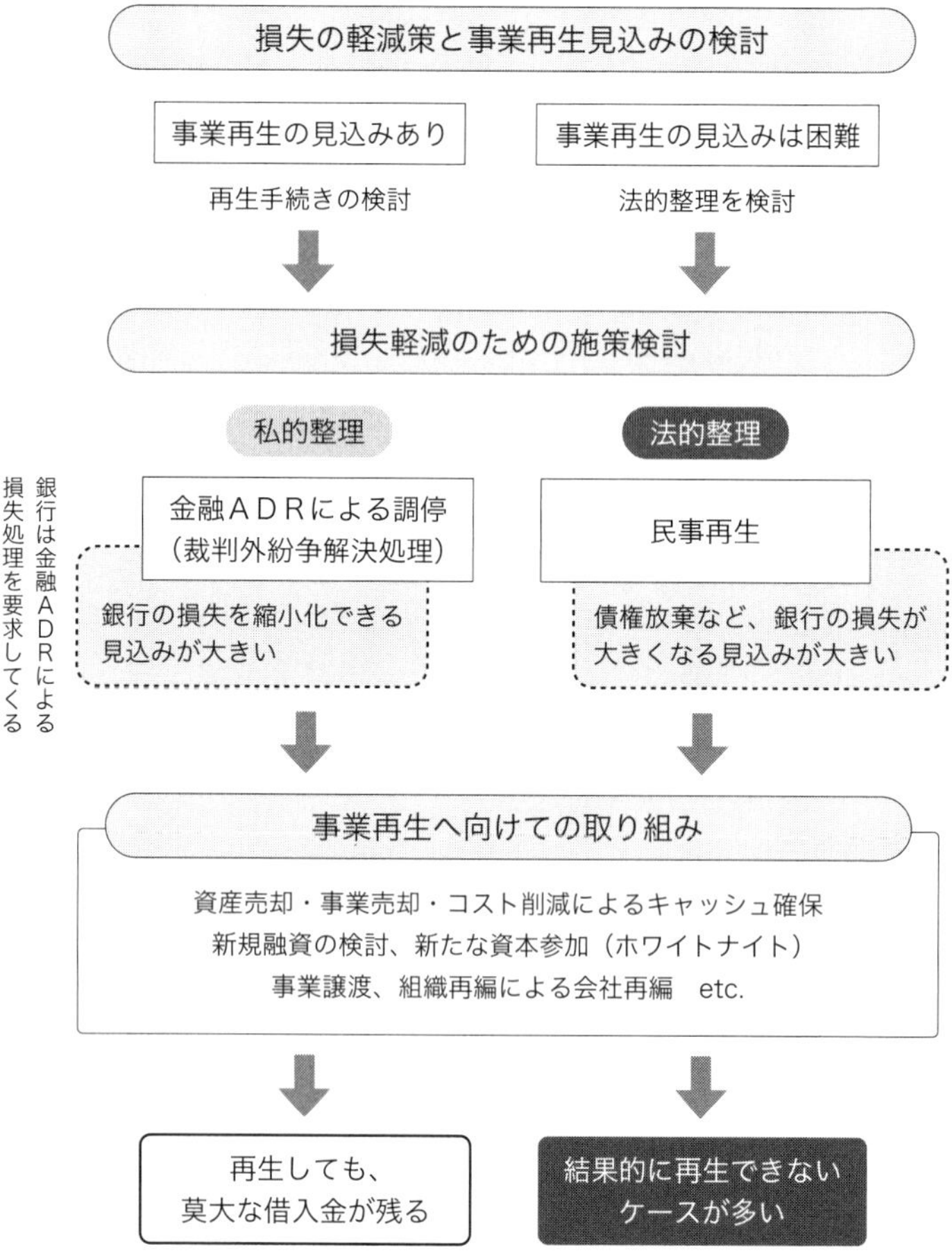
損失の軽減策と事業再生見込みの検討
事業再生の見込みあり
再生手続きの検討
事業再生の見込みは困難
法的整理を検討
損失軽減のための施策検討
私的整理
金融ＡＤＲによる調停
（裁判外紛争解決処理）
銀行の損失を縮小化できる
見込みが大きい
銀行は金融ＡＤＲによる
損失処理を要求してくる
法的整理
民事再生
債権放棄など、銀行の損失が
大きくなる見込みが大きい
事業再生へ向けての取り組み
資産売却・事業売却・コスト削減によるキャッシュ確保
新規融資の検討、新たな資本参加（ホワイトナイト）
事業譲渡、組織再編による会社再編　etc.
再生しても、
莫大な借入金が残る
結果的に再生できない
ケースが多い

第 5 章

「うちの叔母がとんでもないことをいってます！」

～株式買取代金を現金で渡したあと、後継者が震えた言葉は？～

連絡をくれたのは、中部地区で機械部品を作る、宮川産業（仮名）の宮川社長（仮名）でした。宮川社長は3代目で、会社を継いでから数年後のことでした。先代社長のお父様は、すでにお亡くなりになっていました。

「古山先生！　親族からの株式の買取の件で、お知恵を貸してもらえませんでしょうか？」

宮川社長からの連絡を受け、まずは会って状況を確認しました。

「親族というのは、どういう方ですか？」

「私にとって、叔母にあたる人で、二名います。恵子さん（仮名）と貴子さん（仮名）です。亡くなった父の妹です」

「なるほど、わかりました。その恵子さんと貴子さんは、それぞれ何%くらい、株を持っていて、いくらくらいに該当するんですか？」

「それぞれ、10%ずつくらい、持っています。私の祖父の相続の時に、その株を受け取ったらしいです。去年、税理士に算定してもらった株価で計算すると、だいたい3000万円くらいです」

恵子さんも貴子さんも、宮川家の親族となります。株式の額面は500円でしたが、宮川家の親族である以上、税法上その金額（額面500円）で会社が買うことはできません。決算書をもとに算定した評価額になります。毎年の利益が積み重なると額面500円がどんどん高くなります。その金額が今回は約3000万円だったのです。

続けて宮川社長に聞きました。

「恵子さんと貴子さんは、それぞれおいくつですか？」

「恵子さんが姉で76歳、貴子さんは74歳です。仲良しの姉妹で、お互い近くに住んでいるからか、今もよく連絡しあっているみたいです」

「旦那さんはご存命なんでしょうか？」

「姉の恵子さんの旦那さんは亡くなっていて、貴子さんの旦那さんはご存命です」

「お二人は、もらえるならお金をたくさん欲しがる人でしょうか？」

「そうですね…恵子さんはひとり住まいですが、お金に困っている感じではないです。それでも、もらえるものはもらいたい人です。たぶん、お孫さんがたくさんいらっしゃるので、そちらにお金を使うと思います。ちょっとやっかいなのは、妹の貴子さんです」

「やっかい、というと？」

「ちょっと認知症の症状が時々出始めています。それに、疑い深いところもあります。お金に困っていることはないのですが、認知症のことが気になっています」

「そうですか。どの程度の感じですか」

「まだ完全に、という感じではなく、時々、認知症の症状のようなものが出る感じですね。単なる物忘れ、というレベルではないんです。それに、貴子さんはちょっと疑い深いところがあって、何かをお願いするにしても、スムーズに行かないことがあるような方なんです」

「なるほど。じゃあ、株式を買い取るなら、姉の恵子さんのほうが、スムーズに行きそうですね」

「はい、そうだと思います」

株主が高齢になり認知症を患い始めると、株式買取の話をするにしても通じなくなってしまいます。理解されにくいのです。ですので、本来はもっと早くに買い戻しておけばよかったのです。

「どうしてもっと早くに買い戻そうということにならなかったのですか?」

宮川社長に聞きました。

「私自身、株式のこととか、株価のこととか、全然わかっていなくて…。私が持っている株式も、父のいうがままに、捺印してきました。父の生前に贈与を受けてきた分と、父の相続時に受け継いだ分が、今の私の保有している株式です。叔母の株式のことを気にし始めたのが、最近のことで。先生の本をたまたま読んで、連絡させていただいたんです」

実際問題、**株式のことをあまり意識せずに経営に邁進し、気づいたら株価が高騰していて、どうしたらいいかわからない、という中小企業の経営者が多いのです。**

宮川社長も、その典型的な例のおひとりでした。ただし、宮川産業の場合、二人のおばさんの株式を買い取れば、宮川社長が１００％の株主になる状況でした。そして幸いにも、お二人から株式を買いとるのに十分な現預金を、会社は保有していたのです。

後日、宮川社長に連絡し、次のことを伝えました。

「まず、姉の惠子さんに連絡をして、株式を買わせていただきたいことを伝えましょう。同時に、株式の値段を計算すると３０００万円程度であることを告げて、現金で持っていく旨、お伝えてください」

「現金ですか？」

「そうです。**こういう時は、現金のほうがいいです。売るのを迷う気持ちがあっても、**

現金3000万円が目の前にあれば、そんな迷いもどこかへ消えていきますから。

それと、ここからが肝心です。**お金と一緒に『株式の譲渡契約書』も持参して、その場で捺印してもらってください。**

まず現金を相手の目の前に出して見せてから、譲渡契約書を出します。ここは多少ゆっくりでも構いません。現金をしっかり見せればいいんです。捺印すればお金を渡す、という流れで進めてください。

現金は、恵子さんが手を伸ばせば取れるような位置に、1000万円ずつ3つの山にしておいてください。3つの山はきれいに耳を揃えておいてください。一番上の福澤諭吉の顔の向きも揃えてください。そのほうが見栄えがよく、より欲しい気持ちにさせますから。

相手が現金を受け取ったら、**株式代金受取書にも、署名・捺印**してもらってください」

「わかりました。恵子さんに連絡して、教えていただいた通りに進めます。貴子さんには、どうすればいいですか？」

「貴子さんへは、恵子さんからの買取が終わってから、連絡をしましょう。『恵子さんからはもう買い取らせていただきました』、といって連絡したほうが、スムーズにいくと思いますので。

それに、おそらく恵子さんは妹の貴子さんに連絡を入れるはずです。現金3000万円で買い取ってもらったよ、と。そうしたら、私も、という気持ちに貴子さんはなると思います」

「しかし先生、二人合わせて現金6000万円ですけど、銀行がすんなり現金を出してくれるでしょうか？」

「大丈夫ですよ。**個人ではなく法人ですし。それに、親族からの株式の買取です、と正直に伝えれば、何もいわないですよ**」

「わかりました。その通りに進めてみます」

案の定、「銀行はすんなりと現金を用意してくれました」、との連絡が宮川社長からあり、あとは決行するだけ、となりました。

数日後、宮川社長から連絡が入りました。


「先ほど恵子さんから無事に買い取れました！」

「すんなりいきましたか？」

「教えていただいた通り、**お金を先に見せてから、契約書を出しました！**」

「どうでした？」

「76歳とは思えない勢いで捺印して、現金３０００万円にサッと両手を伸ばして、自分のほうに現金をグイッと寄せましたよ！　笑いそうになりました！　めちゃめちゃ動きの早いＵＦＯキャッチャーみたいでした！　そのあと、株式代金受取書に署名する手が震えてました！」


確かに、あとから拝見すると、株式代金受取書の震えるような文字が、その時の様子を物語っていました。

「そうでしたか！　お金に困ってはいないといっても、現金3000万円を目にすることは、そうそうないですからね。いい刺激になったかもしれませんね！」

「はい！　次は貴子さんですね。もう連絡したほうがいいですか？」

「そうですね。3日後くらいに連絡しましょうか。**その頃なら、恵子さんから貴子さんに、連絡が入っていると思いますから**」

「恵子さんは連絡しますか？」

「しますよ！　恵子さんはひとり暮らしでしょう。現金3000万円の興奮を誰かにいいたくてしかたないはずです。かといって、誰彼かまわずにというわけにもいきません。ですが、同じ株主でしかも仲良しの貴子さんになら、話してもいい、と思うはずですよ」

「じゃあ、3日後に貴子さんに連絡します」

「そうしましょう。その際、貴子さんは認知症の症状が時々出始めていますから、旦那さんにも同席してもらうように、お願いしてください。社長自身は貴子さんの旦那さんとも面識はありますか？」

「面識はありますが、あまりしゃべったことはないですね」

「少しでも面識があれば、そう不信に思われることはないでしょう。」

「お金の出し方や渡し方は、恵子さんと同じ感じでよいでしょうか？」

「はい、同じ流れでいきましょう」


その１週間後、宮川社長から連絡が入りました。


「貴子さんからも無事に買えました！」

「そうですか！　よかったですね！」

「はい！　最初に買取の連絡をしたら、『姉から聞いてます』、とおっしゃっていたので、やはり恵子さんから電話が入っていたみたいです！　なんだか待ちわびていたような感じでした。

また同じように、すごい勢いで捺印して、現金３０００万円をササッと自分のほうに引き寄せました！　まるで恵子さんの時とまったく同じ光景を見ているようでした！　ケッサクでした！」

「そうでしたか！　で、旦那さんの様子はどうでした？」

「現金3000万円を出したら、『おぉ〜っ』となっていました」

「そうですか！　わりと正直な人ですね」

「はい！　おかげさまですんなりいきました！」

と、無事に二人の叔母さんから株式を買い戻しました。ところが、ここから事態が急変しました。1週間後のことです。

「古山先生！　大変です！　うちの叔母がとんでもないことをいってます！」

宮川社長から慌てて連絡がありました。

「どうしたんですか？　そんなに慌てて」

「今、貴子さんから電話があったんです！」

「妹さんのほうですね。はい、それで？」

「こういうんですよ。『株式買取の３０００万円、いつになったらくれるの？』」

「えっ、こないだ渡したじゃないですか？」

「そうなんですよ。忘れてしまっているんですよ！」

「そんな、３０００万円も現金で受け取って、忘れますか？」

「まあ、嘘か本当かはわかりませんが、先週の金曜日に渡しましたよ、といっても、まだもらっていない！　っていうんですよ」

「えぇ～！　お金を渡したのは間違いないんだから、旦那さんに連絡して、今の状況を伝えてください！　譲渡契約書への捺印もされていますしね」

「わかりました！　そうします！」


まさか、いくら認知症の症状があるからとはいえ、３０００万円の現金を受け取ったことを忘れるとは、私も驚きました。宮川社長が慌てて連絡してくるのも当然だと思いました。

しばらくして、再度、宮川社長から電話がありました。

「貴子さんの旦那さんと連絡がとれました！」

「そうですか！　なんておっしゃっていましたか？」

「事情をお伝えしたら、『たぶん、認知症のせいで忘れているんだと思います。ご迷惑をおかけしてすみません。貴子には私からしっかりと伝えておきますので。大変失礼いたしました』、と丁寧に謝られました。ほっとしました」

「そうですか。いやぁ、それはよかったです。やはり、旦那さんに同席してもらっておいてよかったですね」

「そうなんですよ。もし貴子さんだけだったらどうなっていたか。古山先生のおっしゃる通りにしてよかったです」

「そうですね。それに、もう少し遅くなって、貴子さんの認知症が進んで、旦那さんも亡くなっていたら、それこそ買い取りも難しかったと思います。今のうちに買い取りを終えて、本当によかったですよ」

「ありがとうございました！　今後ともどうぞよろしくお願いします」

その後は貴子さんからも、恵子さんからも、なんの連絡もありませんでした。無事に後継者の議決権比率は１００％となり、スッキリした気持ちで、宮川社長は事業に邁進されたのでした。

この事例の解決法＆予防策

① 株式を現金で買い取る時は、売ってくれそうな人からあたる
② 現金と株式譲渡契約書は、セットで持参する
③ 株式の売り手本人だけではなく、他の家族にも同席してもらう

1 株式を現金で買い取る時は、売ってくれそうな人からあたる

株式が分散していて、集約させるために買い集めることが必要、という時が中小企業にはあります。分散を放置すると、相続でさらに分散していきます。それに、だんだんと、面識のない人たちに株式が渡ってしまいます。そうなればなるほど、買取がしにくくなります。

それに、最近は少数の非上場株式を持っている人に声をかけて、会社に高く買い取らせようという、私たちからすればたちの悪い弁護士が増えてきているのです。その金額の一部を報酬としていただこうと狙っている、というわけです。

弁護士業も簡単には稼げない時代です。残業未払金やローンの過払金を取り戻すことを宣伝文句にするかのように、**非上場会社の少数株式買取請求事件が、増えてきています。そんな事件が起きてしまう前に、分散している株式を少しでも早く買い戻しておいてほしいのです。**

複数の人から買い取る場合、その順番を考えて取り掛かってください。

今回のトラブルでも、姉の恵子さんと妹の貴子さんがいました。二人のうち、すんなりと買い取れそうなのは、姉の恵子さんでした。そこで、最初に恵子さんから買い取ることにしたのです。

最初に恵子さんが売ってくれたから、次のターゲットとなる貴子さんには、「恵子さんは先日、売ってくれましたよ」と伝えたことで、スムーズに進みました。

それに、恵子さんと貴子さんが、連絡をよくとり合う仲良し姉妹だったことも功を奏しました。先に株式を売った恵子さんがていよく、貴子さんに伝えてくれたのです。おそらく、３０００万円の現金のことも、興奮気味に伝えたのだと思います。

株式を買い取りたい相手が複数いれば、例えば次のように考えます。

- 疑い深い人と疑い深くない人なら、疑い深くない人から
- 認知症の症状や兆候がある人とない人なら、症状や兆候がない人から

・寿命が長そうな人とそうではなさそうな人なら、寿命が長そうな人は後からにする
・お金に困っていそうな人とそうでない人なら、お金に困っていそうな人から

といった具合に、**どちらが先にすんなり売ってくれそうな人なのか、個々の状況を確認して決めていきます。**

最初の人がスムーズに売ってくれたら、次の人もそれにならって売る気持ちになりやすいです。順番次第で、うまくいくこともそうはいかない、という状況に陥ってしまうので、優先順位は、しっかり考えて決めましょう。

2 現金と株式譲渡契約書は、セットで持参する

今回の事件では、ひとりに3000万円の現金を用意しました。やはり現金というのは、大きな魔力を持っています。しかも1000万円以上の現金など、ほとんどの人が現実には見たことのない大金です。高齢でありながら、急に動きが俊敏になって

現金を手元に引き寄せた、恵子さんや貴子さんの気持ちもよくわかります。手ごわそうな株主から株式を買い戻すなら、現金に限るのです。

特に、100万円以上の現金を用意するなら、**帯の付いた札束を用意する**ことです。テレビや映画でしか見たことのない、100万円の札束を目の前に置くだけで、売り手の気持ちは高まります。売ることを拒んでいたとしても、その気持ちよりも、現金に吸い寄せられていくのです。

株式の売り手とあまり面識のない関係であっても、そんな時は現金の札束が、心強い味方になってくれます。

当然、株式を買い取るのですから、**株式譲渡契約書**が必要になります。それに、現金で買い取るのなら、現金を渡したあとの、**株式代金受取書**も用意しておきます。

とにかく、その場で必要書類の署名・捺印と現金の受け渡しを、一気に終わらせることです。先に話をして契約書だけ渡しておき、日を改めてお金を渡す、ということは絶対にしないことです。人の気持ちは変りやすいものです。

〈契約書見本例〉

株式譲渡契約書

＿＿＿＿＿＿（以下「甲」という。）と＿＿＿＿＿＿（以下「乙」という。）とは，本日，甲が所有する株式の譲渡について以下のとおり契約する。

第１条（譲渡合意）
甲は，乙に対し，西暦　　年　月　日付にて，甲の所有する下記の株式（以下「本件株式」という。）を譲渡し，乙はこれを譲り受ける。

記

発行会社　○○○○株式会社
株式の種類　甲種類株式
株式の数　２０００株（1株　５００円）

譲渡価格　合計　１，０００，０００円

第２条（譲渡価格の支払）
1　乙は，甲に対し，西暦　　年　　月末日までに，前条記載の譲渡価格全額を支払い，甲はこれを受領する。
3　発行会社による譲渡承認は完了しており、発行会社は本契約書締結を確認後、株主名簿の書換えを行うものとする。

第３条（株式譲渡日）
第１条（譲渡合意）に記載された日付をもって、株式譲渡日とする。

上記契約を証するため、本書２通を作成し下記に双方署名捺印し、各自１通を所持する。

西暦　　年　　月　　日

甲：住　所＿＿＿＿＿＿＿＿＿＿＿＿＿＿＿＿

氏　名＿＿＿＿＿＿＿＿＿＿＿＿＿＿＿印

乙：住　所＿＿＿＿＿＿＿＿＿＿＿＿＿＿＿＿

氏　名＿＿＿＿＿＿＿＿＿＿＿＿＿＿＿印

それに、考える時間があると、別の誰かに聞いたりする人がいます。その人が余計なアドバイスをしたりすることがあるのです。

一番多いのは、

「あれからよく考えたんだけど、売るのはいいけれど、いわれた値段で売るのはちょっと…。株価はもっと高い値段ではないのか？」

といった、値段に対する不信感が出てきたりします。それは多くの場合、誰かに相談した際の入れ知恵なのです。それに、買ってくれるとわかれば、時間の経過とともに欲も出てきます。どうせならできるだけ高く売りたい、という欲望を目覚めさせてしまうのです。

そうならないためにも、売り手先に訪問した際は、書類のやり取りも現金のやりとりも、一気に終わらせておくのがベストなのです。

3 株式の売り手本人だけではなく、他の家族にも同席してもらう

今回の事件では、妹の貴子さんから株式を買い取る際に、貴子さんの旦那さんに同席してもらいました。それは、貴子さんに認知症の症状が出始めていた、ということと、疑い深いところがある、と聞いたからです。疑い深い人の場合、決断したくてもなかなかできないことがあります。そんな時、身内の人があと押ししてくれることがあるのです。

特に、**株式の売り手が男性で、奥様がいらっしゃるなら、絶対にその奥様に同席してもらうべきです**。目の前に現金の札束を積んで、売主である夫がモタモタしてためらっていると、奥様が夫の手を前に押し出すようなそぶりをします。

「あなた！　何をモタモタしてんのよ！　早く署名・捺印して、もらえるものをもらいなさいよ！」

そんな声が聞こえてきそうな感じになるのです。そのような光景を、何度も見てきました。

夫のお尻をパンッとたたいて、そのたたかれた勢いで、両手がぴょこっと出て現金を抱え込んだ男性もいたくらいです。それくらい、家族、なかでも札束を目の前にした時の妻の力というのは、絶大なのです。

それに加えて、今回のトラブルのように、**高齢者になると、その場のことをいろいろと忘れてしまう、ということがあります。これは本当にこわいです。そのような危険がある場合は、絶対に誰か身内の方に同席してもらうべきです。**

できるだけの備えをして、もめることがないようにしましょう。まあ大丈夫だろう、という気持ちで臨んで、あとでもめると取り返しがつかないのです。

そうならないように、株式を買い取る際は、細心の注意を払ってください。

○○○○株式会社　取締役会議事録

令和　年　月　日○○時○○分より、当会社の本社会議室において、取締役総数　名全員の出席により取締役会を開催した。

議　　案　　株式の譲渡承認の件

議長は、当社株式について、下記２名の甲種類株主より譲渡承認の申し入れを受けており、定款の規定に基づき承認決議を行いたい旨を述べ、審議した結果、全員異議なく下記の株式譲渡は承認されることとなった。

1）譲渡人	○　○　○　○	甲種類株式	8,０００株
譲受人	△　△　△　△	〃	8,０００株
2）譲渡人	◎　◎　◎　◎	甲種類株式	2,０００株
譲受人	△　△　△　△	〃	2,０００株

以　上

以上をもって本日の議事を終了し、○○時○○分　散会した。
上記決議を明確にするため、本議事録を作成し、議長及び出席取締役が記名押印する。

令和　年　月　日
○○○○株式会社　取締役会

議長代表取締役　　○　○　○　○

出席取締役　　◎　◎　◎　◎

第6章

「先生！　知らない弁護士から株式の買取請求が来ました！」

〜少数株主からの買取請求事件が増えてきています。その対策は？〜

昨今、『非上場の株式を買い取ります』あるいは、『非上場の少数株主に朗報！株式売却のお手伝いをします』と宣伝する弁護士が増えてきました。

非上場会社、特に中小企業には、株式保有率数％から10％前後の少数株主が存在する、というケースが多いです。しかも経営に関わらない親族の少数株主などが結構います。少数株主とはいえ、その会社の株価が高騰している場合、時価評価額は1億円以上、ということも珍しくはありません。それを会社に買わせようとするのです。

少数株主は多くの場合、経営に関与しないし、財務の知識がありません。自分が持っている株式の価格など、ほぼ知らないのです。そのような株主に対して、

「その株式は高い値打ちがありますよ。私たちがお手伝いすれば、会社に申し入れて高く買ってもらえますよ。その報酬は、成功報酬の10％でいいですよ」

などという弁護士が、新聞広告を出したりしています。中小企業には、少数株主がたくさんいて、その人たちを揺り動かせば、自分たちの稼ぎに繋がる、ともくろんで

いるのです。

今回の事例は、そのような弁護士から、**1通の文書が配達証明付きで会長の手元に届いた**ことから始まりました。

「古山先生！　知らない弁護士から株式の買取請求が来ました！」

と連絡をくれたのは、東海地区で人材派遣業を営む、中部人材株式会社（仮名）の岡田会長（仮名）でした。年商は約25億円です。

「やっぱり来ましたか！」

私は、そのうちに来るだろうな、という気がしていました。ことの経緯は、次の通りです。

中部人材には1年前まで、岡田会長の長男であり、株主でもある岡田太一さん（仮名）が、まだ常務取締役として在籍していました。太一さんは当時、38歳でした。

20代半ばで、他社から、父の経営する中部人材に転職してきました。

その後5年くらい経過して、以降、**当時は社長だった岡田会長は、太一さんを次代の後継者として社長に育てようとしていました。それに伴い自分の株式も、長男に少しずつ移しておこう、ということで、岡田会長は毎年数百万円分の株式を、長男へ贈与していました。**

10年近く贈与することで、3年前の時点で、太一さんは25%の株式を持つ株主になっていました。

働きぶりを見たり聞いたりするなかで、少し不安はあるものの、自分が社長の座を降りて、太一さんを社長にすれば、態度や行動も変わってくるだろう。岡田会長は最初の頃は、そう思っていたのです。

しかし、会長の思う通りにはいきませんでした。太一さんには『社長』というポストは、荷が重すぎたのです。というか、向いていなかったのです。悲しいことですが、このようなケースを、中小企業では時折見かけます。結局、太一さんが社長になることはありませんでした。

岡田会長は太一さんを常務取締役の座から外しました。取締役就任から十数年後のことでした。それなりの退職金を支払い、取締役からも外しました。太一さんもそれを望んでいました。

「もう、父のもとで仕事をしたくない」

役員を退職の折、本人は私にそういって、一筋の涙を流したのです。

太一さんのあとは、生え抜きで非同族の長瀬常務（仮名）が、社長に抜擢されました。太一さんの常務時代も、実務は長瀬常務が完全に仕切っていたのです。同時に、岡田社長は代表取締役会長の座に就任しました。

結局、太一さんは父である岡田会長に尋常ではない思いを持ったまま、会社をあとにしたのです。

「父のいいようにされて、自分の人生はひどいもんだ」

そのような思いだったのです。

太一さんは退職の時点で、25％の株式を保有していました。中部人材の財務体質は堅調でした。純資産が約6億円あり、自己資本比率は60％ほどでした。25％の株式だと、その時点でもざっと計算して約1・5億円です。

「これは何か手を打っておかないと、いずれ太一さんの株でトラブルが起こる」

そう確信していました。**会社から放り出された太一さんは、いずれ25％の株式を時価評価で買ってくれ、と会社にいってくるに違いない、と察知していたのです。**

それでなくても、少数株主に「株を会社に買い取ってもらうお手伝いをします！」という、よからぬ弁護士の広告が新聞やネット上で出回り始めた時でした。気づかれては大変です。早めに手を打つ必要がありました。25％もの株式を持っている太一さんが、そんな弁護士のもとに駆け込めば、彼らは喜んで仕事を受けるはずですから。

それに、**太一さん本人から買い取るだけならまだしも、太一さんから他の第三者へ株式が移ってしまうことは、なんとしても避けたかったのです。**

「譲渡するには取締役会での譲渡承認が必要だから、譲渡できないでしょ？」

という方がいらっしゃいます。ですが、その認識は大きな間違いです。**定款に記載された譲渡承認は、単なる手続きのことなのです。譲渡そのものを、無効にすることはできません。譲渡承認の請求をする側の多くは、買取人の指定を申し入れてきます。そうなると、承認しない場合は、会社が買うか、買取人を指定する必要が出てきます。しかも、2週間以内に返事をしないといけません。返事をしなければ、譲渡を認めたことになってしまうのです。**

「そんなこと聞いていない！」といっても始まりません。会社法では、そうなっているのです。そのようなことから会社を守るために、ひとつだけ方法がありました。

それは今後の株式分散対策として、**「種類株式」を活用**することでした。

種類株式には、９種類の項目があります。そのなかの、『取得条項』という要素を、現状株主が保有する、すべての株式に付けることにしたのです。
『取得条項』とは、株式の分散防止に使われる、種類株式のひとつです。

例えば、

『種類株主に次のようなことが発生した場合、その時点でその者が保有する種類株式は発行会社のものとなる。買い取り価額は、相続税評価額とする。』

と、定款に記載し登記したのです。

『次のようなこと』の内容は、中部人材の場合、次の項目を含むものでした。

①死亡した時、または意識不明・認知症になった時
②取締役を退任した時
③株式譲渡承認請求を行った時
④保有する株式を株主以外の者に譲渡した時

これらのことを会社が認識した時点で、その種類株式は会社のものとなる、としたのです。

もちろん、買い取る対価は会社が払うことになります。会社が買い取る値段は、取得条項で定めた、相続税の評価額です。

太一さんは親族なので、それなりの金額になります。しかし、会社の財務体質から見れば、問題のない金額です。それよりも、見知らぬ他の者に株式が渡ってしまうことを、避けたかったのです。

それと、**相続税評価額で買う、と定款に明記したことが、のちに生きてくることとなりました。**（もちろん、さかのぼっての適用はできません）。

太一さんはその時点ですでに役員を退職していました。しかし、『次のようなこと』の③④**の項目を設定しておけば、万が一、太一さんがよからぬ弁護士のもとに駆け込んでも、株式を分散することなく会社が買い取ることで解決できる、と考えたのです。**

議決権はそのままです。このような取得条項を、発行済みのすべての株式に付けたのです。

それから1年近く経過した時点で、この事例の冒頭にあった通り、

「古山先生！　知らない弁護士から株式の買取請求が来ました！」

と岡田会長から連絡が入ったのです。

そこには、次のようなことが書かれていました。

> 譲渡人（岡田太一氏）は、譲渡人が保有する貴社株式を、次の者（譲受人）に譲渡したいので、会社法第１３６条に基づき、貴社に対して承認するか否かの決定を請求します。承認しない場合、会社法第１３８条第１号ハに基づき、貴社または貴社の指定する者が本件株式を買い取ることを請求します。
>
> なお、本請求書が貴社に到達した日から２週間以内に返答がない場合は、会社法第１４５条第１号に基づき、先の譲受人への譲渡を承認したものとみなします。
>
> 譲受人　株式会社　米原企画（仮名）

「2週間以内に、太一さんが株式を譲渡することを認めるか、買取人を指定してください。返事がなければ、そのまま譲渡します」

といった内容でした。

その譲渡先は、聞いたこともない株式会社の法人でした。送り主の弁護士は、まさに少数株式を持つ株主相手に商売をしている弁護士でした。

この通達が届いたのは、定時株主総会開催のため、株主である太一さんへ決算書を送付した、3か月後のことでした。**おそらく、前期よりも業績が上がり、株価が上がっていることを認識した太一さんが、その弁護士へ相談したんだと思います。**

「古山先生、どうしましょうか？」

岡田会長がいいました。

「先方が弁護士を立ててのことなので、こちらも弁護士を立てて対応しましょう」

「そうですね。それなら、長らくお世話になっている弁護士先生がいます。その先生にお願いしようかと思います。名古屋の山下弁護士（仮名）です」


山下弁護士に連絡したところ、会社法にも強い先生であることがわかりました。連絡する前に、中部人材の定款をメールで送っておきました。太一さんの株式には、取得条項を付けているので、先に見ておいてほしかったのです。そこで、電話をして確認しました。


「山下先生、太一さんの株式には、取得条項が付いていて、そこには、『譲渡承認請求をした時』とありますよね」

「そうですね」

「ということは、すでに取得条項の内容が発生していますよね」

「そうですね。株式はすでに、中部人材に移動していることになります」

「取締役会とか、株の買取の支払いとか、関係ないのでしょうか？」

「そうなんですよ。**定款では、『譲渡承認請求をした時には株式は会社のものとなる』とありますから。会社が譲渡承認の事実を認識した時点で、株式はすでに移動しています。あとは、その対価の支払いが残っているだけです**」

これが、種類株式における取得条項のすごいところです。通常の譲渡制限とは、その効力が天と地ほども、異なります。世代交代が多い中小企業においては、必須アイテムといってもいいくらいの効果があるのです。

「その株式の価格は、どうなりますでしょうか？」

「価格についても、『相続税法における評価額』、と定款で定めてあるので、その価格での買取になります。ここは、議論の余地がないところです。これも助かりました」

「そうですね。そんな記載がなければ、買取価格をどうするかで、もめますよね」

「そうなんです。もめると結局、裁判所が決めることになりますからね」

「その時は、いわゆるＤＣＦ方式、ですよね」

「そうです。古山先生、よくご存じですね」

「今までも、ＤＣＦ方式に振り回された、似たような案件がありましたから」

「そうですか。それは私としても、心強いです」


ＤＣＦ方式とは、ディスカウント・キャッシュ・フロー方式の頭文字をとったものです。この計算方法になると、今後数年に渡っての見込み利益まで株価に算定されることになります。株価は驚くくらい、想定以上に高くなるのです。それに、もめた結果でのことなので、時間もかかります。そうなることもなく、相続税法における金額での支払いに確定しているだけで、大助かりなのです。

それと、もうひとつ、山下弁護士に聞きたいことがありました。


「それと山下先生、ひとつ、気になることがあるんです」

「なんでしょうか？」

「先方の弁護士は、太一さんから依頼を受けた時点で、当然、中部人材の登記簿を取り寄せて、その内容を見ますよね」

「間違いなく、そうするでしょうね」

「登記簿を見れば、取得条項が付いていて、株式の譲渡承認請求をした時点で、太一さんの株式は会社のものとなる、ということは、わかりますよね」

「まあ、わかるでしょうね」

「それなのにどうして、先方の弁護士は譲渡承認請求をしてきたのでしょうか？」

「それはまあ、太一さんの株式は中部人材が買うことになるのは取得条項からすれば明白です。だからこそ、その成功報酬を確実にもらえると思ったんじゃないですか」

「なるほど」

「それに、太一さんは25％をお持ちなので、相続税の評価額なら、それなりの金額で会社が買うことになります。先方の弁護士事務所が受ける成功報酬は、おそらくその10％前後でしょうか。

彼らにしてみたら、日常的に行っている簡単な手続きでその報酬がもらえるのですから、うまみがあると判断したのでしょうね。たぶん、これは株価でもめることもない簡単な案件ですから。先方の事務所は、若手の弁護士に担当させていると思いますよ」

「なるほど、よくわかりました。太一さんが自分で譲渡承認請求すれば、弁護士事務所に余計な成功報酬を払わなくても済むのに、もったいないですね」

「そうですね。譲渡承認請求の手続きそのものは、難しいものではありませんが、太一さんのような素人の方には無理でしょうから、結局、外部の方に頼んでしまうんでしょうね」

「それにしても、先方の弁護士事務所にすればラクでおいしい仕事ですね。だんだん腹が立ってきました。今後の先方とのやりとりは山下先生のほうからお願いします」

「わかりました。随時、途中経過を古山先生に連絡させていただきます」

「よろしくお願いします」


後日、山下弁護士は、先方の弁護士と直接やりとりをしました。案の定、先方の担当は若手の弁護士だったそうです。その結果、株価の決め方でもめることもなく、会社は太一さんにその対価を払いました。その金額は、1億数千万円でした。

しかし、事前に取得条項付きの種類株式にしておいたおかげで、株式を分散させることなく、会社が買い取ることができたのです。これで株主構成における不安はなくなりました。その結果に、岡田会長は大いに満足していました。

ただ残念なのは、会社を守ることはできたものの、岡田会長と太一さんの、長年にわたって積み重なった、父と子の心の溝は埋まらなかったことです。

会社の繁栄存続を守るためには、厳しいことではありますが、血縁関係を犠牲にしなければならないこともあります。その傷が時の経過で薄まることもありますが、多くはそのまま引きずります。経営にはそのような覚悟を必要とする一面もあるのです。そのことを改めて考えさせられた、事例でした。

この事例の解決法＆予防策

① 後継の親族だからといって、安易に株式を譲渡・贈与をしない
② 定款で定める譲渡制限は、株式分散防止の役に立たないことを認識しておく
③ 中小企業こそ、種類株式を活用する

① 後継の親族だからといって、安易に株式を譲渡・贈与をしない

今回のトラブルの発端は、岡田会長が長男である太一さんに、本人の意思にかかわらず、先行して株式を譲渡・贈与していたことにあります。太一さんは、自分の知らない間に、25％の議決権を持つことになっていたのです。しかし長男の太一さんを、結局、経営には向いていない、と岡田会長は会社から切り離しました。

そもそも、このようなことがなければ、知らない弁護士から株式譲渡承認請求が届く、ということはなかったのです。

似たような、親族への株式の譲渡・贈与は、中小企業ではありがちです。

株主名簿に記載されている人の名前がどなたか社長に聞いてみると、

「うちの娘です」

「何歳ですか？」

「10歳になりました」
「その年齢で株式を持たせても、将来、どうなるかわからないでしょ！」
ということがあるのです。株価が高いから、早いうちから少しずつ渡しておきたい、という気持ちはわかります。しかし、わが子に会社を継ぐ意思があるかどうかもわからない時期に、株式を持たせることは危険です。

もし持たせるのなら、今回のようにせめて、取得条項付きの種類株式にしておきましょう。そうすることで、過度な株式分散は避けられるからです。

ただそれでも、今回のような親子の感情のもつれが生じた時には、渡した株式を高値で買い戻す、ということが生じてしまうのです。

特にやってはいけないことは、子供が3人いる場合に、小さい頃からその3人に株式を均等に贈与している、というケースです。それは、未来に起こるもめごとの種をばらまいているようなものなのです。

なぜ、子供たちへ均等に渡しているのかと聞いたところ、

「公平にしてあげないと、かわいそうなので…」

とのことでした。そのような感情を経営に持ち込むのは、よくありません。かわいそうだと思うのなら、別のことをしてあげてください、といいたくなりました。

長男と長女、次女の3人に株式を10％ずつ譲渡していた経営者がいました。女性の経営者でした。3人は無事成長したものの、次女と母親である経営者とは、次女の結婚相手のことで、もめてしまいました。母親いわく、「あんな男性と結婚するなんて許さない！」というものでした。世間ではよくあることです。

次女は母親に愛想をつかし、家を離れ、母親の許しのないまま結婚しました。当然、その次女は母から贈与された株式10％を持ったままでした。母と次女はその時点で絶縁状態です。その株式を取り戻そうにも、もはや当人同士での交渉はムリでした。その時は、会社を継ぐことになった長男が間に入ってうまく立ち回り、次女が持つ株式を長男が買うことで、決着がつきました。

このように、**早くに株式をわが子へ譲渡・贈与したものの、そのあとに感情のもつれが生じて後悔する、ということは大いにあり得るのです。**

また、わが子以外でも同様です。同族の中小企業において、必要以上に株式を分散させることは、大きなトラブルのもととなります。種類株式の取得条項が付いていない限り、株主の意思や相続人の意思なく株式を取り戻す、ということはできません。

ですから分散させるなら、後の１８６ページの項目で説明する、種類株式を活用してください。

2 定款で定める譲渡制限は、株式分散防止の役に立たないことを認識しておく

株式会社には、『**定款**《ていかん》』というものが存在します。その会社を運営する上でのルールブックみたいなものです。有限会社でも、同様です。会社を設立する時に、法務局へ

この『定款』を提出し登記します。申請時には、会社法で求められることが記載されているかについて、法務局でのチェックを受けることになります。

通常は会社設立時に、法務局への申請をお願いする司法書士が、設立者に新会社の目的や内容を聞いて、原案を作成することになります。会社内では通常、総務部門が管理しています。

その定款の中に、『株式の譲渡制限』という項目が、どの会社でも第8条あたりに記載されています。

「当社の株式を譲渡するには、取締役会の承認を得なければならない」

おおむね、このような文章です。

このように書かれているのを読むと、ほとんどの経営者はこう思います。

「うちの会社の株式を勝手に誰かに売ることはできない」

確かに、そう思い込んでも仕方がない、と思われる書き方の文章です。しかし、実際には、違うのです。

株式は、その株主が自由に売買できるもの、と会社法では定められています（会社法第１２７条　株式譲渡自由の原則）。特に、普通株式の場合には、なんの制限もありません。

ですので、ある株主が取締役会の承認なく普通株式を誰かに譲渡しても、その譲渡自体を無効にすることは、法的にはできないのです。

その事実が発覚するのは、買い手や売り手が会社に承認を求めてきた時です。しかし、会社は譲渡を無効にすることはできません。その時に会社ができることは、次の3つです。

【１】会社がその株式を買い取る
【２】他の誰か（法人でも可）を、株式の買取人として指名する
【３】相手が求める譲渡をそのまま認める

相手に返事を伝える期限は2週間以内です。

今回の事件では、前ページの【1】の選択肢を会社は選んだことになります。譲渡承認請求が会社に届いたら、その日から2週間以内に返答を相手に届けなければ、【3】になります。相手が求める譲渡をそのまま認める、ということになるのです。会社としては、それは避けたいはずです。

「じゃあ、定款での譲渡制限項目は、なんのためにあるんですか？」

といえば、前ページの【1】【2】【3】のいずれかによる承認を必要とする、ということを表しているだけなのです。そしてその承認記録を取締役会議事録（取締役会がない場合は株主総会）に残すための条文にすぎません。

自分の会社のある株主に対して、「わが社の株は譲渡制限があるから、誰にも売ることはできない」とするのであれば、早めに策を講じておくべきです。

できることなら、186ページの項目で述べる、取得条項付きの種類株式に転換しておくべきです。ただし、**種類株式に転換するには、いくつかのハードルがあります**（189ページ〈1〉〈2〉を参照）。**どんな場合も簡単に種類株式にできる、というものではありません。**

もし、**種類株式を活用するのは厳しい、という状況であれば、早やめにそれなりの金額を相手に提示して、障壁となる株主から会社で株式を買い取ることです。会社にお金があれば、できることです。**

それをケチったがためにその後、相手方の弁護士を通じて譲渡承認請求をつきつけられ、裁判までもつれこんだ結果、当初よりも高い価格で買い取ることになってしまった、というケースもありました。

「あいつにそんな高い金を払ってまで、株を買い戻すのは納得できない！」

などと息巻いている場合ではないのです。

いずれにせよ、**定款の譲渡制限項目は、株式の譲渡を無効にできるものではない、**という認識だけは、しっかりと持っておいてください。

3 中小企業こそ、種類株式を活用する

２００６年の新会社法制定時に、種類株式活用の用途が広がりました。今回のトラブルでも、株式の分散防止に活用した、『取得条項』という項目も、その時にできました。

いくつかの条件を任意に設定し、その条件に触れることがあれば、その株式は有無をいわせず会社が買い戻せます。

例えば次のような時に活用できます。

（1）娘婿が株式を持つ時

（２）従業員が株式を持つ時

（３）法人や経営に関わらない親族が株式を持つ時

取得条項としては例えば、次のような内容とします。

①死亡した時
②退職・退任など、会社に在籍しなくなった時
③会社との契約を終えた時
④犯罪を犯した時。逮捕された時
⑤認知症など、後見人が必要となった時
⑥株式の譲渡承認請求を行った時
⑦株式を株主以外の者へ譲渡した時
⑧株式に担保権を設定した時

この①〜⑧に該当することが生じたら、その時点でその株式は会社のものになりま

す。

例えば、経営者がよく心配される、

「株を渡して、その人が亡くなったら妻のものになるじゃないですか！」

などということにはならないのです。『①死亡した時』、という取得条項があるからです。

あるいは、

「娘婿に株を譲渡して、離婚したらどうするんですか！」

という場合にも、離婚すれば、『②退職・退任』となるでしょうから、株は会社に戻ります。

考えられることをすべて、取得条項の内容に記載すればよいのです。

加えて、**その時の買取価格は、相続税法上の評価額、としておきます。**今回のトラブルでも紹介した通り、この効果は絶大です。株式が分散したり、株価の算定方法でもめることは、絶対になくなります。

もし、種類株式を持つ株主がオーナー一族ではなく非同族の人の場合、相続税法上の評価額で株価を算出し、「配当還元方式」という計算方法での扱いになります。その場合、過去2年の配当額が額面株価の10％以下なら、会社は額面で買い戻すことができるのです。

ただし、既存の普通株式を種類株式に変えるには、2つの壁があります。

〈1〉株主総会での特別決議（議決権の3分の2以上）が必要
〈2〉全株主の同意が必要

特に、〈2〉全株主の同意は、株主が分散しているほどハードルが高くなります。株主が増えれば、「自分は種類株式の導入に同意したくない！」という株主が現れる可能性が高まるからです。だから、株式は分散させず、集約しておくべきなのです。

種類株式のなかでも取得条項は、様々なシチュエーションでの株式分散リスクを防ぐことができる強力なアイテムです。ですから株主構成において、親族同士の感情のもつれなどでトラブルになりやすい中小企業でこそ、もっと活用していただきたいのです。

もうひとつ、**種類株式で知っておいてほしいのは、9種類の株式のいくつかの要素を組みわせることができる、**ということです（次ページ表を参照）。

例えば、

①議決権なし ＋ 配当優先 ＋ 取得条項付き
②議決権あり ＋ 取得条項付き
③拒否権付き（黄金株） ＋ 取得条項付き

などといった具合に、**いくつかの要素を組み合わせて、ひとつの種類株式とすることが可能**です。

種類株式は、会社法における項目です。税法とは異なるので、税理士は詳しくないことがほとんどです。会社法に強い弁護士か司法書士に相談すべき内容です。もちろん、私たちＩＣＯ（アイ・シー・オー）コンサルティングでも対応しています。今のうちに検討したいと考えているなら会社として、少しでも早く取り組んでください。

「種類株式」発行できる株式の種類と内容

各号	種類株式	内容
1号	剰余金配当についての種類株式	剰余金の配当について、他の株式よりも優先又は劣後する株式
2号	残余財産の分配についての種類株式	残余財産の分配について、他の株式よりも優先又は劣後する株式
3号	議決権制限株式	株主総会において議決権を行使することができない株式
4号	譲渡制限株式	株式の譲渡について承認を要する株式
5号	取得請求権付株式	株主が会社に対し、株式の取得を請求できる株式
6号	取得条項付株式	会社が株主に対し、株式の償還を請求できる株式
7号	全部取得条項付株式	一定の財産の給付と交換に、全株主の財産を取得する株式
8号	拒否権付株式（黄金株）	株主総会及び取締役会決議事項について拒否権を有する株式
9号	役員選任種類株式	株式の種類ごとに役員を選任する株式

1号から9号までを組み合わせることによって、必要な種類株式を設計することが可能です。

〈株式譲渡承認請求書見本〉

=配達証明=

代表取締役　◎◎◎◎

受付通番：　号

（１枚目）

株式譲渡承認請求書

令和　年　月　日

被通知人

通知人

電話
ＦＡＸ　　－　　－
△△△△氏代理人
弁護士◎◎◎◎
弁護士◎◎◎◎
弁護士◎◎◎◎

前略 弊職らは、△△△△氏（以下「譲渡人」といいます。）を代理して、貴社に対し、以下のとおり請求することを通知します。

譲渡人は、譲渡人が所有する下記１記載の貴社株式（以下「本件株式」といいます。）を下記２記載の者（以下「譲受人」といいます。）に譲り渡したいので、会社法第１３６条に基づき、貴社に対し、譲受人が本件株式を取得すること（以下「本件株式取得」といいます。）について承認をするか否かの決定をすることを請求するとともに、貴社が本件株式取得について承認をしない旨の決定をする場合においては、会社法第１３８条第１号ハに基づき、貴社又は貴社の指定する者が本件株式を買い取ることを請求します。

なお、本請求書が貴社に到達した日から２週間（貴社がこれを下回る期間を定款で定めた場合にあっては、その期間）以内に、貴社が、譲渡人又は弊職らに対し、本件株式取得について承認をするか否かの決定を通知しなかった場合、会社法第１４５条第１号に基づき、貴社は本件株式取得について承認をする旨の決定をしたものとみなされますので、念のため申し添えます。

草々

記

１．　譲り渡そうとする譲渡制限株式の種類及び数
　　○○株式会社　普通株式 合計　　株

受付通番：　号
1/2 頁

（２枚目）

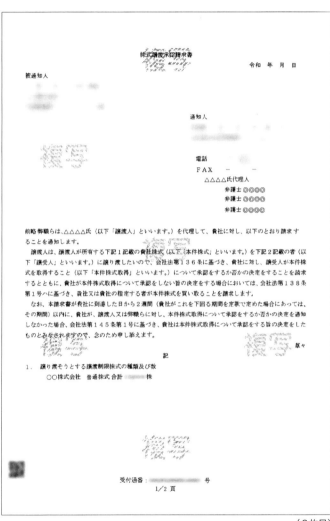

2　譲受人

代表理事

以上

差出人　〒 —

弁護士　◎◎◎◎、◎◎◎◎

受取人　〒 -

代表取締役 ○○○○殿

郵便認証司

この郵便物は令和　年　月　日
第　号書留内容証明郵便物
として差し出したことを証明します。
日本郵便株式会社
受付通番：　号

2/2 頁

（3枚目）

第7章

「会社を潰していうのもなんですが、政府系銀行はいいですよ」

～倒産時の政府系銀行の対応を教えてくれた、元社長からの証言～

かつて顧問先であった会社の社長から突然の電話があり、驚きました。なぜ驚いたかというと、その会社は私がお手伝いしたそのあと、倒産されたのを知っていたからです。

お手伝いした会社が倒産でなくなってしまうのは、そのあとのこととはいえ、悲しいものです。自分の力不足を感じてしまうからです。

「もしもし、古山先生ですか。ご無沙汰しています。丸中です！」

中四国地方を中心に食品卸業を営んでいた、当時年商60億円前後の会社だったマルナカ物産（仮名）の丸中元社長からの電話でした。

私がマルナカ物産のお手伝いを終えたあとに、その近くにある別の食品会社の顧問を引き受けた時に次のようなことがありました。

「近くにいい空き物件が出たので、子会社で買って資材倉庫を移転しようかと検討しています」

といって、地図を見ながらその社長から聞かされた物件が、マルナカ物産の倉庫だったのです。

「ここ、元マルナカ物産ですよね」

「そうです。先生よくご存じですね。半年くらい前に倒産したらしいですよ。それで物件が安く手に入るんです」

地図に記された場所を見るだけで、なんだか自分の無力さを見せつけられている気がしたのです。過去の記憶が鮮明によみがえりました。

食品卸売業の特徴は、薄利で支払いが早く、一方で売上回収が遅い、ということです。そのため、年がら年中、資金繰りに追われます。マルナカ物産も例外ではありませんでした。

私がお手伝いしたのは在庫の削減でした。資金繰りが厳しいのに、在庫を過剰に抱えることは、卸売業にとってまさに致命的です。そこで在庫を減らし、資金繰りを微力ながら改善させたのです。

それともう一点、銀行対策もお手伝いしました。資金繰りが厳しい業種なので、8行もの銀行と取引し、資金調達をしていました。その**8行すべてが民間の銀行だったので、政府系の銀行も入れるように指導し、8行のうち1行を入れ替えたのです。さらに、8行は多すぎたので2行減らし、6行での取引に切り替えました。**

その後、契約期間を終えて、マルナカ物産とのお付き合いは途絶えていたのです。それから10年近くの時を経て突然かかってきた、丸中元社長からの電話だったのです。

「丸中社長ですか！　お元気そうで何よりです」
「いやぁ、もう社長ではないんですよ」
「別件でたまたま聞きました。力及ばずで、お恥ずかしい限りです」

「いやいや、先生の責任ではありませんので、そんないい方はやめてください。結局、我々が悪いんですよ。それに、そんなことで電話したのではないんです」

「そうおっしゃっていただけると気持ちが楽になります。でまた急に、どうされたんですか」

「新聞広告で先生の本の広告を見かけたんです。それで、なんか急に古山先生の声を聞きたくなったんですよ」

そのようにおっしゃっていただけるのは、とてもありがたいことです。こちらも少し気持ちが落ち着き、丸中元社長にお尋ねしました。

「ところで、今はどうされているんですか？」

「今は、近所の物流センターに勤めてます」

会社経営からは身を引き、ひとりの勤め人として、出直されていたのです。自宅も手放し、賃貸物件に転居されていました。とはいえ、以前にお会いしていた時よりもお元気な感じで、声も生き生きとしていたのです。そのことを聞いてみると、

「いやぁ、会社をたたんで大変でしたけど、気持ちはいっぺんに楽になりました。あんなことで、へこたれていられません。変な話ですが、今のほうが元気なんですよ」

とのことでした。

しかし、気になるのは、多額の借入金がどうなったかです。

「私が訪問していた時でも、20億円くらいの借入金がありましたけど、あれはどうなったんですか？　確か、民間の銀行が12億円くらいで、政府系が8億円くらいでしょう」

「先生、よく覚えていますね」

「そりゃ、覚えてますよ。というか、気になるから時々思い出すんですよ」

「そうですか。ありがとうございます。民間の12億円は全部、サービサーに売却されました」

サービサーとは、いわゆる債権回収会社です。銀行ではまともに回収が見込めなくなった融資を、債権として債権回収会社へ売るのです。おおむね、残債の1割で売ります。1割で買った債権回収会社は、その1割よりも多く回収できれば、それが利益になる、という仕組みです。民間銀行の多くは、提携先の債権回収会社を抱えています。グループ会社に不良債権を売ってしまう、というイメージです。

丸中元社長は続けて話しました。

「12億円はサービサーにわたって、まあ大体1億2000万の借金が私個人に残りました。個人保証してましたからね。ただ、銀行は保証協会からも不良債権処理でお金を受け取ってますから、実際の銀行の損失は2割くらいじゃないですかね」

「しかし、1億2000万円でも、個人じゃ無理でしょう」

「無理ですよ。自宅を売り払ってもまだまだ返せないんで、あとは毎月ボチボチで返していています。サービサーの会社にも、これ以上返済を迫ってもないもんはない！　で通してます。そうしたら不思議なもんで、もう何もうるさくいってこないサービサーもあるんですよ。正直に割り切って話したんで、それがよかったみたいです。私の年齢からしても、今の稼ぎで返しきれませんからね。相手もわかっているんでしょう」

結局、銀行系のサービサーだと、親会社である銀行のいうことを聞かなければならず、回収見込みがないのを承知で不良債権を買い取る、ということもあるのです。


「で、政府系の8億円はどうなったんですか？」

「それが、政府系の8億円は、全く返済なし。チャラですよ」

「どういうことですか？」

「サービサーに売ることもなく、銀行の担当者が手続きの書類を用意してくれて、署名捺印したら、もうそれで済みました。無罪放免みたいなもんです。そのあとはもう、なんの音沙汰もないです。

いやぁ、あの時、古山先生に勧められて政府系から借りたんで、ほんとによかったです。8億円の借入金がなくなっただけでも、めちゃくちゃ助かりましたよ。この8億円も、民間から借りたままだったら、と考えると、それだけでゾッとします」

政府系銀行は経営破綻時に、経営者を追い込まない、とは聞いていましたが、本当にその場面に直面した経営者の声を直接に聞いたのは、初めてでした。

「会社を潰していうのもなんですが、政府系銀行はいいですよ。最後には、『社長、あまり気を落としすぎないようにしてください』と慰めてくれたりして、あの担当者は忘れられないですね。新たに今から借りることはありませんけどね」

丸中元社長は、しみじみとそうおっしゃいました。

私自身、政府系銀行のありがたさを痛感させられる1本の電話だったのです。

この事例の解決法&予防策

1. 政府系銀行と民間銀行の事業目的の違いを理解しておく
2. 長期借入金を調達するのなら、一行取引にせず、政府系銀行を絡ませる
3. これだけある、政府系銀行のメリット

① 政府系銀行と民間銀行の事業目的の違いを理解しておく

政府系銀行と民間銀行では、事業の目的が異なります。

民間銀行は、お金を貸したり金融商品を売ったりして、稼ぐことが目的です。一方、政府系銀行は、国が中小企業支援の施策として決めた予算を、必要な企業へ貸すこと自体が目的です。

例えば、コロナや震災など、思わぬことで中小企業は経営への打撃を受けます。その際に、政府は国会で審議可決し、打撃を受けた企業への支援融資金を閣議決定します。その融資金を必要な企業へ貸し出す役割が、政府系銀行です。政府で決めた融資支援の実働部隊なのです。

政府が決めたお金を確実に貸すことが目的なので、貸したお金を回収するよりも、予算を残さず使い切って貸すことに、政府系銀行のスタッフは注力するのです。

災害時だけではありません。設備投資を促進して経済を活性化させる、生産性向上に繋がる投資を促すなど、様々な場面で政府の施策として融資金を確保して貸し出します。それがいわゆる「**制度融資**」というものです。政府系銀行とお付き合いがあれば、聞いたことがあるのではないかと思います。

今回のマルナカ物産も、制度融資を活用して、政府系銀行から資金調達をしていました。倉庫内に自動運搬設備を取り入れるなど、設備投資をするタイミングで借りたものです。破綻時のその残高が、8億円だったわけです。

同じ銀行であっても、民間と政府系では、その事業目的がまったく違うのです。政府系の方針に合う融資を受ける投資案件なら、ぜひ活用を検討してください。

2 長期借入金を調達するのなら、一行取引にせず、政府系銀行を絡ませる

銀行から設備投資などの資金調達をする時、絶対にしてはいけないのは、一行取引で

す。

「交渉しても、条件が全然変わらないんです」

とおっしゃる社長の話をよく聞くと、一行取引だけの場合があるのです。**ひとつの銀行だけに交渉しても、条件がよくなるはずはありません。仕入れで1社購買だと価格が下がらないのと同じです。銀行も、お金の仕入れ交渉なのです。**

「あっちの銀行はこういってきてるけど、おたくはどうするの？　少しでもいい条件なら、おたくから借りることに決めるけど」

などと揺さぶりをかけていきます。それが銀行交渉の駆け引きです。

数億円の融資を受けるなら、せめて3つの銀行と交渉してください。そして、系統の違う政府系銀行を絡ませてほしいのです。民間銀行と政府系銀行では、先ほど述べた通り、事業の目的が異なります。金利などの条件提案も、それぞれ

会社倒産時の融資処理

〈市中銀行の場合〉

メガバンク、地方銀行、信用金庫 など

回収不能な融資額のおおむね１割をサービサー（債権回収会社）へ譲渡。
銀行にすれば１割でも回収したい！

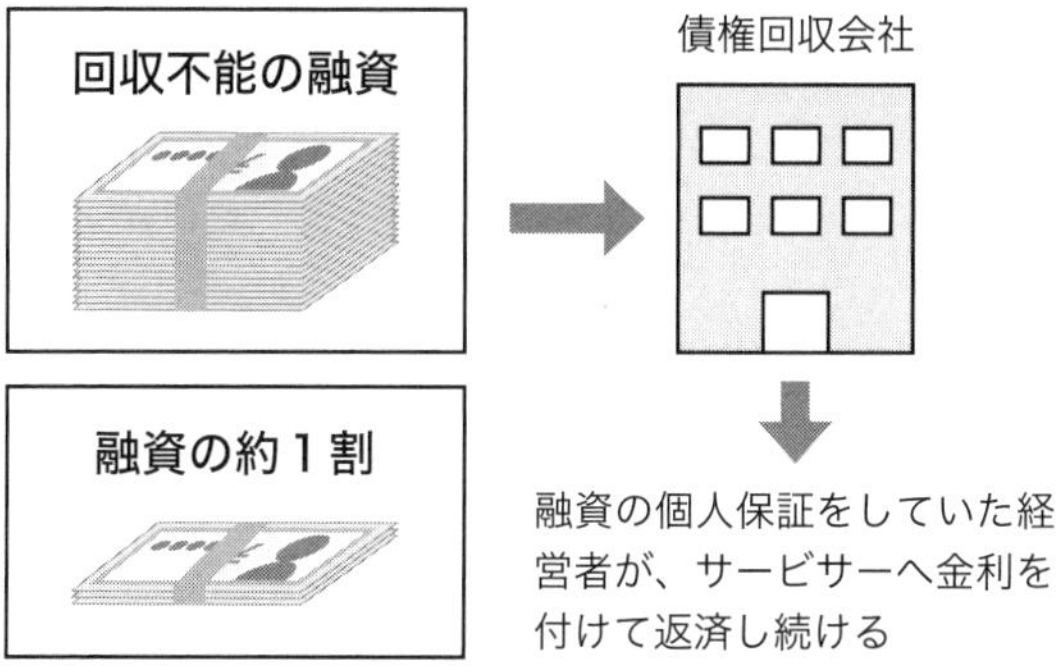

〈政府系銀行の場合〉

日本政策金融公庫 など

回収不能な融資額は会社の倒産とともに消滅
経営者が返済に追われることはなくなります

少し異なる提案が出てくることが多いです。その時、自社にとって有利な提案に合わせてもらえるように交渉を進めていくのです。最終的に、仮に3億円の資金調達ならば、半分は民間銀行から、半分は政府系銀行からと、半々で借りればよいのです。

また、地方銀行にしても、地元の地方銀行と、他府県から進出してきている地方銀行で、提案内容が異なることが多いです。全国各社の社長からうかがっていると、他府県の銀行のほうが、地元ではないのでよい条件を提示してくる、ということが多いようです。

全国各地とも、中小企業は地元銀行とのお付き合いが強い傾向があります。他府県の地方銀行がそこへ食い込むには、並みの条件では入り込めない、と考えているのです。

そのような、銀行側の心理をうまく活用し、複数銀行との交渉を進めましょう。

3 これだけある、政府系銀行のメリット

今回の事例で、会社が経営破綻した場合、政府系銀行は返済を求めてこない、ということがおわかりいただけたと思います。これは民間銀行にはない、大きなメリットです。しかし、政府系銀行のメリットはそれだけではありません。

①資金繰りが厳しい時は、毎月の返済を少し待ってもらえる
②預金をする必要がない
③余計な金融商品の売り込みがなく、時間をとられることがない
④銀行主催の定期的な会合などがなく、接待などが必要ない
⑤取引先を紹介されることはなく、変な気づかいをしなくてもよい

ひとつずつ見ていきましょう。

①資金繰りが厳しい時は、毎月の返済を少し待ってもらえる

返済を数か月も待ってもらうことはできませんが、お金が入るタイミングまでの数

日間は、お願いすれば待ってもらえます。それに、災害などの有事の際には、返済を急かしてくることはありません。それなりの猶予をもらえます。

民間銀行は、そういうわけにはいきません。返済は待ったなし、なのです。

②預金をする必要がない

民間銀行は、広く預金を集めてそのお金を融資に運用します。ですので、預金ありきです。**預金をしていないのに融資をしてくれる、ということはありません。また、預金があると、お金の動きも見えてしまいます。どこの会社からの入金があるとか、電気代はどれくらいだとか、財布の中身の入りと出を見られているようなものです。あまり気持ちのいいものではありません。社長個人の口座ならば、その残高やお金の動きも見られているのです。**

その点、政府系銀行は預金の必要がないので、そのような余計な心配はいりません。

③余計な金融商品の売り込みがなく、時間をとられることがない

法人にせよ、個人にせよ、預金残高やお金の動きが見えるのですから、民間銀行は、それを見て金融商品を売り込んできます。銀行員もノルマがあるので、セールスの時間をとってもらおうと、しつこいくらいに電話があります。

電話の時間だけでももったいないのに、会えばなおのこと、時間をとられます。勧められるまま金融商品を買うことはそんなにありませんが、**多くの場合、そこまでいってくるのなら、と義理立てして時間を確保しているのです。**

政府系銀行なら、そのような余計な時間をとられることはありません。

④銀行主催の定期的な会合などがなく、接待などが必要ない

民間銀行は顧客を囲い込むため、会合やイベントを企画します。年始の会合や、経済評論家などの著名人を招いてのセミナーなど。その都度、声をかけてきます。なんらかの接点を持ち続けようと必死なのです。そのような場に、喜んで参加する社長もいますが愚の骨頂です。

「銀行はうちを大事にしてくれているから、声をかけてくる」

そう思い込んでいるとしたら、勘違いもはなはだしいです。銀行にすれば、関係性を深めて、顧客を他行にとられないように、囲い込んでいるだけなのです。

また食事やゴルフなど、接待に招かれることもあります。１９９０年代には、大蔵官僚を接待漬けにして官僚を囲い込む、いわゆるノーパンしゃぶしゃぶ事件がありました。その体質は、今もたいして変わっていません。

⑤取引先を紹介されることはなく、変な気づかいをしなくてもよい

「あの銀行はうちのお客さんを何社か紹介してくれているので、あの銀行から借りないわけにはいかないんです」

「あの銀行は宴会とか接待で、うちの店を一番よく使ってくれるんで、多少は要望を聞いてあげないと…」

などといった、相手が民間銀行の場合、変な気づかいをしているケースを見かけます。

中小企業の社長は、そういう義理人情に弱いところがあります。銀行もそれを承知

の上で、取引先を紹介したりしています。結局は、銀行の囲い込みの術中にはまっているのです。

政府系銀行の場合、そのようなことはないので、義理立てするようなことは起こりません。

このように、政府系銀行には、多くのメリットがあるのです。銀行からの資金調達が必要ならば、ぜひとも活用してください。

第 8 章

「生命保険で利益が一気に8億円増えそうなんです！」

～死亡保険金を、分割で受け取って利益分散させる方法を教えます～

電話をしてきたのは、北陸地区を拠点に衣料・雑貨の販売を行う年商約30億円のニシムラ商店（仮名）の西村会長（仮名）でした。西村会長は創業者で、数年前に社長の座を後任に譲られていたのです。

「古山先生！　大変なことになりました！」

あまりにも慌てた声の様子に、こちらも驚きを隠せませんでした。

「西村会長、どうしたんですか？　そんなに慌てて」
「うちの社長が、余命1年のガン宣告を受けたんです！」
「えっ！　栗田社長（仮名）ですか！」
「そうなんです。どうも体の調子がおかしい、というので病院に行ったら、わかったらしいです」

ニシムラ商店の栗田社長は、西村会長の親族ではありません。西村会長は、世襲を嫌うタイプでした。会長自身はオーナーとして株を持ち、社内で優秀な人材を育てて、取締役を増やし、その中から社長を抜擢する、という経営スタイルでした。

なかでも栗田社長は生え抜きで優秀な方でした。その栗田社長がガンになるなんて、私にとっても意外だったのです。続けて尋ねました。

「栗田社長はまだ40代でしょ。」

「そうなんです。原因はよくわからないですが、ガンが進行していることは、間違いないようなんです」

「そうですか。それはお気の毒ですし、確かに大変ですね」

「実はこのことも大変なんですが、この関連でさらに大変なことがあって、それで慌てて先生に電話したんです！」

「どういうことですか？」

「このままだと、生命保険で利益が一気に8億円増えそうなんです！」

「えぇっ！　それはひょっとして、失礼ないい方ですが、栗田社長がこの先お亡くなりになった時の、死亡保険金、ということですか？」

「そうなんです。さすが先生、お察しの通りなんです」

そのようにいわれて複雑な思いもあり、ことの内容が人の命に関わることなので、なんともいえない微妙な気持ちになりました。

「ところで、その生命保険は、全額損金タイプのものですか？」

「そうです。生命保険でいえば全部で7件になりますが、全部、全額損金タイプの生命保険です」

生命保険にはその当時、支払う年間保険料を全額経費に計上できる商品がありました。それが、全額損金タイプの保険商品です。この保険商品を活用する中小企業の経営者は、たくさんいました。

「利益が出るなら全額損金の保険に入って節税する」というのが、当時は定番の節税策だったのです。しかし、あまりに売れたので、２０１９年、国税局によってその節税策である全額損金タイプの生命保険は、完全に販売停止にされました。

栗田社長にかけられた生命保険もすべて、その全額損金タイプだったのです。**全額損金タイプの生命保険は、その掛け金である毎年の保険料は全額経費で処理できます。しかし、解約した時の返戻金や、受け取る保険金が発生すれば、それらは全額利益になり、課税対象となります。**

このトラブルでいえば、栗田社長がガンでお亡くなりになった場合、死亡保険金8億円が会社に入るものの、それは全部、課税対象の利益になる、ということになってしまうのです。

西村会長が慌てるのも、無理のないことでした。年商30億円のニシムラ商店の経常利益は通常、約2億円です。死亡保険金の8億円が会社に入るとなると、特別利益として8億円が計上されます。通常の2億円の経常利益と合わせると、利益は約10億円です。その10億円に対して法人税が約40％、かかることになるのです。

「古山先生、8億円の保険金が入ってくると、おおかた4億円の税金になるんです。それは避けたいんです。なんとかならないでしょうか？」

ということが、西村会長のご相談案件だったのです。

確かに8億円の保険金をもらって税金で4億円払う、というのはなんだかもったいなく、経営者としては腑に落ちません。西村会長のいい分ももっともなのです。


「わかりました。何か手立てがないか、いろいろとあたってみます」

「ありがとうございます！」

「確認ですが、決算月は7月末ですよね」

「そうです。あと4か月くらいです」

「それと、生命保険のリストと、それぞれの保険証券のコピーを送ってください。保険の中身がわからないと、確認しようがありませんので」

「わかりました。すぐに手配してメールで古山先生あてに送信します！」

「よろしくお願いします」


ということになり、最初の電話でのやりとりを終えました。

後日、送られて来た資料をもとに、何か策となることがないのか、法人保険のプロフェッショナルの大久保さん（仮名）に電話をして相談しました。

「大久保さんお久しぶりです」

「これは古山先生、こちらこそお久しぶりです。どうされたんですか」

ということで、ことのいきさつを大久保さんに説明し、何か策がないものか、聞いてみました。

すると、意外にもあっさりと答えが返ってきました。

「それは簡単ですよ。保険金を『年金受け取り払い』にしてもらう手続きをすればいいんですよ」

「大久保さんすみません、その年金受け取り払いって、どんなものですか？」

「わかりやすくいえば、保険金を何年かに分けて、分割で受け取る仕組みです」

「えっ、そんなことできるんですか？」

「できますよ。**手続きも簡単です。書類1枚に記載して捺印するだけなので、1日あれば完了しますよ**」

「何年かに分けて、というのは、何年くらいですか？」

「それは、保険会社やその商品によって異なりますけど、一番長いのなら、30年に分割して受け取る、というのもありますよ。おそらく、どの商品も上限はありますけど、分割年数は任意に申請できるはずです」

生命保険のことはある程度理解していると思っていましたが、受け取り方についてそんな方法があるとは、その時初めて知りました。しかし、そのことを知ると、ある疑問がわいてきたので、大久保さんに尋ねました。

「しかし大久保さん、そんな便利な受け取り方があるのなら、保険を売る人はどうして保険を売る時点で、そのことを教えてくれないんですか？」

「**それはこの年金受け取り払いというのが、保険契約後にしかできない特約事項だか**

らですよ」

「どういうことですか？」

「法人相手に生命保険を販売する人の多くは、売るまでのことしか考えていない人が多いんです。これはよくないことなんですが、そういう人たちは、**保険を販売契約したあとにできる、特殊な特約事項のことなんて、もう忘れてしまっているんだと思います。売ったらそれで終わりなんです。**

ひょっとしたら、年金受け取り払いのことを知らない保険販売員がいてもおかしくないですよ」

「えっ？　だったら、ニシムラ商店の保険も、それぞれの保険販売員に聞かないといけないですね」

「そうですね。まずはニシムラ商店さんから各保険の販売員に、『**保険金を年金受取払いに切り替えたいから手続きしてください**』と、伝えてもらってください」

「なるほど」

「なかには、『そんな特約はないです』、という人がいるかもしれません。でも、私が保険証券を確認したところでは、どれも年金受取払いの特約が付いている商品でした。なので、『ない』といわれても、『あるはずだからもう一度よく調べてください！』と詰め寄ることです。単に知らないだけなのに、『そんな特約はありません』と平気でシラをきる保険販売員がいるかもしれないので」

「そうですか。保険販売員も、銀行員と似たようなものですね」

「いやぁ、悲しいかな、そうなんですよ」

大久保さんも、そういい切ったものの、自分自身も保険販売員なので、ちょっとバツが悪そうな感じでした。気持ちを取り直してもらうべく、声をかけました。

「取り急ぎ、全部で保険会社が4社です。それぞれ担当者が違うようなので、西村会長にお願いして、全員にあたらせます。しかし、今からでも手続きは間に合いそうですか？」

「間に合いますよ。亡くなる1日前でも、捺印して提出すれば、完了しますから」

ここは自信たっぷりに答えてくれました。それだけでも、心強く感じました。

このように、私たちに持ち込まれるトラブルには、各分野のスペシャリストの智恵に助けられる、ということがあります。大久保さんもそのひとりです。各スペシャリストとのネットワークは、私たちの仕事にとって、とても大切なのです。

早速、西村会長に連絡し大久保さんから聞いた策を伝え、各保険販売員に逐次、年金受取払いへの切り替えの連絡をしてもらうことになりました。

数日後、西村会長から途中経過の連絡がありました。

「古山先生！　おっしゃってた通り、『そんな特約はないです』という保険屋が二人いました！」

「やっぱりいましたか！」

「聞いていたのと、まったく同じ返事だったので、笑いそうになりましたよ。『絶対にあるはずだから、もう一度よく調べてください！』っていってやりました」

「そうですか。他は大丈夫でしたか？」

「はい、他の保険屋は、『あ、はい、そうですか、わかりました』と皆なんだかぎこちない感じでしたね」

「年金受取払いの要望なんて、ほとんど受けることがないでしょうから、面食らったんでしょう」

「確かに！　ほんとにそんな感じでした！」


全部で7件のうち、5件はスムーズに進み、死亡時の受取保険金は年金受取払いの特約に切り替えました。その申込用紙も見せてもらいました。保険会社によってフォーマットの違いはありますが、すべて1枚の書類でした。分割年数が最高15年のものや、30年のものがありました。

西村会長に聞きました。

「結局、何年の分割受け取りにされたのですか？」

「全部10年で申し込みました」

「ということは、10年間、毎年8000万円の利益が計上される、ということですね」

「そうです。でも8000万円程度の利益なら、節税するにしても手立てがあるように思えるんです」

「そうですね。8億円では厳しいですが、8000万円なら、対応できそうですよね」

「はい。それと、そんな特約はない、といってた二人からも、『調べたらありました！』と連絡が来て今、申込用紙を送ってもらっています」

「そうですか！　それはよかったですね」

「栗田のことは、どうすることもできず残念ですが、生命保険の問題はこれで解決しました。古山先生、本当にありがとうございました。栗田がいなくなるかもしれないというだけでも大変なことですが、さらに高額の税金の支払い問題を、どうすればいいのかわからず、パニックになっていましたから」

「そうですか…栗田社長はよくやってくれていましたからね。それは本当におつらいことだと思います」

「こんな形のマサカの坂も、あるんですね」


その後、すべての生命保険の受取を、10年間で分割して受け取る手続きを無事に終えました。そして、その2か月後に、残念ながら栗田社長はお亡くなりになったのです。医者から通告されていたよりも短い命でした。若い社長のお葬式というのは、とても心苦しいものだと感じました。

次期社長には、栗田社長の後輩となる優秀な取締役が就任することになり、西村会長のもと、新体制での経営に邁進されています。

命に関わる大きな事件でしたが、生命保険の年金受取払い、という智恵を授かることができました。このような事件がなければ、その特約のことを知ることは、なかったかも知れません。

社長としての功績と今回のその意味においても、栗田社長には、感謝の思いでいっぱいです。

この事例の解決法&予防策

① 生命保険は出口のことを考えて決める
② 会社でかける保険は、法人保険の専門家に依頼する
③ 身の丈を超えた生命保険への加入はしない

1 生命保険は出口のことを考えて決める

節税のために生命保険を活用している、という中小企業は今も多いです。**全額損金の保険商品はなくなったものの、4割損金、という形で残っています。年間保険料が1人30万円未満なら、全額損金計上できる保険商品も残っています。**

それに、2018年より以前に加入した全額損金の保険商品は、今もお宝保険として、その運用を継続できています。

しかし、節税のことばかり考えて、出口のことはほとんど考えていない会社が多いです。特に、今回の事件のような死亡保険金については、受け取り方も含めて、ほとんど何も考えられていません。今回のニシムラ商店のように、病気なら、まだ事前に知ることができます。そして時間的な猶予があったから、**【年金受取払い】という特約事項**を生かし、切り替えることができたのです。

〈年金支払特約を受けていない場合〉

特別利益が計上

死亡保険金８億円

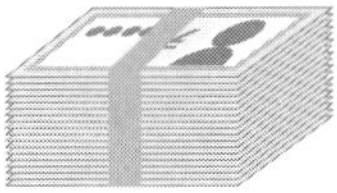

死亡年度に一気に８億円の死亡保険金が入ります。
特別利益が８億円計上され、多額の法人税が発生！

〈年金支払特約を受けた場合〉

特別利益が分散

— 死亡年度 —

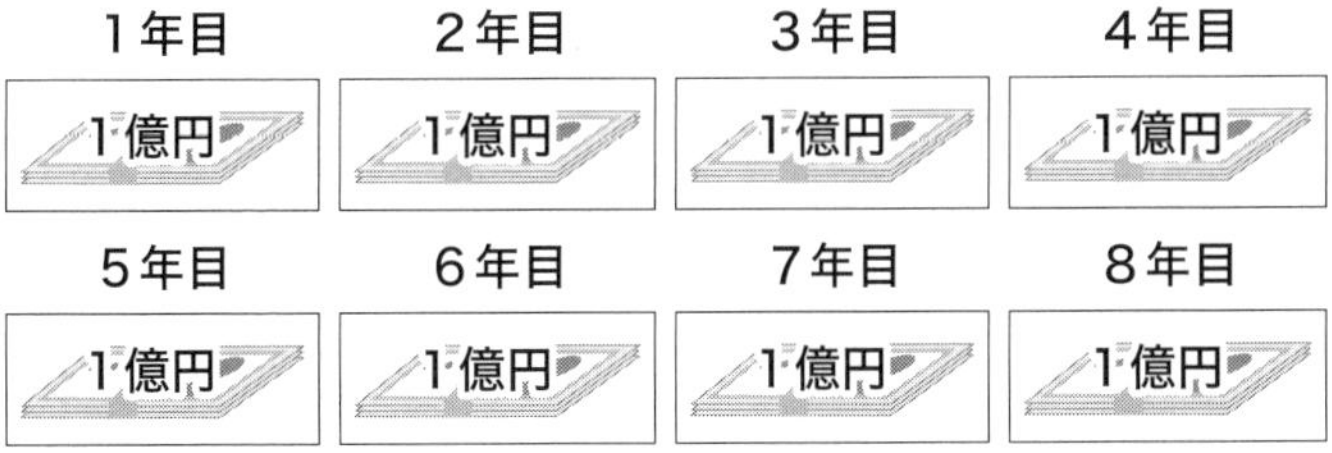

８年で設定すれば、８億円を毎年１億円ずつ８年間支給。
特別利益が分散されて法人税への影響は少ない

ところが、これが事故死のように突然亡くなったとしたら、そのような手は打てませんでした。死亡保険金を分割で受け取る、などということはできなかったのです。死亡保険金が全額一気に入金され、利益計上されて課税されていたのです。できたとしても、保険会社ごとに請求の時期を少しずらして、事業年度2年に分散させる程度です。

事例のなかでも紹介しましたが、**年金受取払いは、契約後にしかできない特約事項です。保険を売る側も、加入する側も、生命保険は契約した時点でほったらかしになりがちです。**それに、自分が死んだ後のことまで考える人はあまりいません。しかし、**放置すれば、死亡保険金が発生した折には、確実に高額の法人税を納めることになってしまいます。**それはあまりにもったいないないし、残された経営陣は大変な思いをすることになってしまうのです。

年金受取払いなら、最高で30年くらいに分割できますが、10〜15年で分割すれば、十分な対応策になります。死亡保険の対象となる人が、亡くなる前日までに手続きをすれば、間に合います。事故などの突然死では、間に合わないのです。

ただし、生命保険はそもそも、思いがけず亡くなる際の保険の機能を持つ商品です。節税のためだけの商品ではありません。そのことは忘れないでくださいね。

2 会社でかける保険は、法人保険の専門家に依頼する

今回のトラブルでもそうでしたが、中小企業の社長と懇意にされている保険担当者が、保険商品や税金の扱いについて詳しくない、というケースはままあります。会社規模が小さい頃からのお付き合いで長らく付き合っている、という保険屋の方など、まさにそのパターンです。

家族経営に近い小規模事業の時代はそれでも構いません。しかし、年商が5億円、10億円と大きくなるにつれ、生命保険に求める要素にも変化が出てきます。生命保険の機能だけでなく、節税という機能が必要になってきます。その時に、法人保険の商品に強く、税の扱いについての知識を持っている人が担当でないと、あとで後悔することになりがちです。

例えば、このようなことをいう保険担当の人がいました。

「社長！　この保険商品は、社長が万が一お亡くなりになった場合には、5億円が会社に入ります。今5億円の借入金があっても、その5億円は、死亡保険金のお金で返済できますよ」

皆さんはこれをどう受け止めますでしょうか？　この保険担当のいい分は、正しいとお思いですか？

このような発言を鵜呑みにすると、後継者がとんでもない目に合います。死亡保険金5億円が会社に入ってきても、その保険商品が全額損金だったら、5億円は全部、利益に計上されます。税金が必要になります。5億円も残りません。残るのはせいぜい3億円です。

半分損金の保険商品なら、5億円の半分の2・5億円は利益に計上され、課税されます。この場合もやはり、5億円も残りません。

いずれにせよ、死亡保険金5億円で借入金5億円を全額返済などできないのです。**このようなことを平気でいってしまう保険担当者には、受け取り保険金は課税対象となる、という税の基礎知識がないのです。**

要は、保険担当の方が法人保険の専門家でないと、税金に対する知識が希薄になってしまうということがあり得るのです。

「あの時、この生命保険に入っておけば、5億円返せますといったじゃないですか！」といっても、申し訳ありませんと頭を下げられるだけです。それ以上、どうにもならないのです。

それよりも、保険の担当を、法人税に詳しいスタッフがいる保険販売会社にするか、法人保険のプロフェッショナルな人材に切り替えることが賢明です。

私たちも、生命保険は節税アイテムのひとつなので、今回のトラブルでも登場した、大久保さんのような、法人保険のプロフェッショナルに意見を聞きます。また、私たち自身も、そのようなプロに教えてもらった生命保険に加入しています。

どんなことでもそうですが、相談相手を間違うと、誤った方向へと進んでしまいます。そうならないようにしてほしいものです。

3 身の丈を超えた生命保険への加入はしない

決算書の貸借対照表を拝見すると、固定資産における『保険積立金』が異常に大きい、という会社があります。

「どうしてこんなに保険を増やしたんですか？」

と聞くと、

「いやぁ、節税で勧められているうちに、こういう感じになっていました」

と、保険屋にいわれるがまま、利益対策で加入し続けていたのです。

2018年以前に加入し、資産計上されている生命保険の多くは、半分損金・半分資産の生命保険です。ということは、貸借対照表には、かけた生命保険の半分が記載され、その約2倍の生命保険の積立金がある、ということになります。半分は損金計

上されているので、決算書には記載されない、簿外資産となっているのです。

そういう会社に限って、工場内の機械が旧式のものであったり、会議室の壁紙がはがれてみすぼらしくなっていたりします。要は、お金のかけどころを誤っているのです。

利益対策は生命保険だけではありません。

工場を持つ会社なら、建物の修繕を行って修繕費を使う。作業服や制服を刷新して福利厚生とし、働く人たちのモチベーションを高める。旧式の機械設備を刷新して、減価償却を増やすとともに、廃棄設備の除却損を計上する。トイレを最新のものにして、快適なものに取り変える。

人集めに苦労しているのなら、採用ホームページを充実させる。会社案内を刷新する。社内の基幹システムを刷新して、減価償却を計上する。機械設備や建物を磨き綺麗にする、働き手のモチベーションを上げる工夫をする、集客力を高める、人材を確保する――。

企業存続繁栄のためには、お金を投じるべきことがいくらでもあります。ところが、

安易に生命保険に頼り、生命保険の積立金ばかりが増えていくというのは、結局お金という宝の持ち腐れになりかねません。

このようになる原因は、年度末ギリギリになって社長が利益対策に動き出す、ということにあるのです。半期決算を終えた頃には、年度末の着地見込みの経常利益はほぼわかるはずです。その時点で利益対策として手を打てば、生命保険以外のことにも取り組めます。時間のないギリギリのなかで利益対策をしようとするから、保険屋に「何かいい保険はないか」と頼ってしまうことになるのです。

保険屋も、毎年そのような状況であることを、すでに心得ているわけです。

「こんな商品があります。これなら、利益をこれだけ下げられます」

などと準備万端で持ちかけてきます。そんなことが数年も続いているうちに、保険積立金が身の丈に合わないほど膨張してしまいます。

役員の生命保険は必要です。万が一の死亡時や役員退職金に備えるには、よい手立てではあります。しかし、あまりにも過剰な生命保険は、今回のニシムラ商店のトラブルのように、不測の事態が起きた時に、慌てふためくことになってしまうのです。

せっかく稼いで蓄えたお金なのですから、生命保険ばかりに頼るのではなく、もっと会社が発展することに使えないか、をしっかりと考えて運用しましょう。

〈年金支払特約請求手続き案内見本〉

年金支払特約（付加・変更・解約）請求手続きのご案内

保全用

契約者さま

[redacted]株式会社

いつもお引き立てをいただき、誠にありがとうございます。

年金支払特約（付加・変更・解約）のご請求につきまして、「**年金支払特約（付加・変更・解約）請求書**」をお届けいたします。請求書ご記入の際には下記の「**お手続き方法**」をご一読いただき、お間違えのないようにご記入ください。

ご記入いただきました**請求書**および「**必要書類一覧表**」記載の所定の必要書類をお取りまとめの上、当社までご提出くださいますようお願い申し上げます。

お手続き方法

1．請求書は太枠内の各項目について、必ず契約者ご本人さまが記入・署名（法人契約または印鑑証明書提出の場合は押印も必要）ください。

2．記入を訂正される場合は、訂正箇所を二本線で消して、正しい内容をご記入いただくとともに、削除線の上もしくはそのそばに、契約者ご本人さまがフルネームでご署名ください。
（法人契約の場合または印鑑証明書提出の場合は請求印を訂正印として押印ください。）

3．ご契約１件につき１通ご提出ください。

4．年金受取人さまは保険金受取人さまと同一であることを要します。

5．**保険金受取人さまが複数人設定されている場合や、実名指定されていない（「被保険者の法定相続人」など）場合は、年金支払特約付加はできません。**

6．基本年金額が１０万円に満たないときは、年金ではなく一時金としてお支払いさせていただきます。

7．年金受取人さまが法人の場合で、かつ、１０年保証期間付終身年金を選択する場合は、年金基金設定時に特定の個人を指定していただきます。保証期間経過後は指定した個人が生存している間、年金を支払うものとします。なお、指定した個人を変更することはできません。

8．付加、変更、解約の請求者は、保険期間中の場合は契約者さま、満期または死亡（高度障害）発生後の場合は保険金受取人さまとします。

年金支払特約のご説明

1．年金の種類（いずれかを選択してください。）

○確定年金……あらかじめ定めた一定期間中、年金として一定金額を年金受取人さまに支払います。
支払期間は、年金支払期間満了日時点での年金受取人さまの年齢が105歳以下（年金受取人さまが法人の場合は制限はありません）であれば２年～３０年の中で任意に設定できます。

○保証期間付終身年金……あらかじめ定めた保証期間中およびその期間満了後においても、年金受取人さま（年金受取人さまが法人の場合はご指定いただいた方）が生存する限り、終身にわたって年金を支払います。年金基金設定日時点で年金受取人さまの年齢が50歳以上75歳以下であることが必要で、保証期間は10年のみ設定できます。

3．年金の支払方法は１年ごとです。
年２回払、年４回払、年６回払、年１２回払の分割支払を希望される場合は、年金ご請求時にお申し出ください。ただし、１回あたりの受取額（＝分割支払後の年金額）が１０万円以上であることが必要です。

4．**<u>初回の年金のお受取りは、年金基金設定（保険金の受取時期）の１年後からとなります。</u>**
例：平成21年3月20日に保険金支払（＝年金基金の設定）をした場合、初回年金のお支払いは平成22年3月20日です。

保険金受取時に保険金の一部を一時金としてお受取になり、残りを年金とすることも可能です。
※ただし、最低基本年金額（１０万円）を満たしていることが必要です。

5．満期保険金と死亡（高度障害）保険金に対し、異なった内容の年金支払特約を付加できます。

[redacted]

（１枚目）

〈年金支払特約請求書見本〉

年金支払特約（付加・変更・解約）請求書

保全用

[redacted]株式会社　御中

貴社との保険約款を承知し、下記のとおり請求します。

記入日	平成　　年　　月　　日
証券番号	

請求者（契約者）	※法人契約の場合、法人名・役職名・代表者名をご記入ください。 ※印鑑証明書提出の場合または法人契約の場合、必ずご捺印ください。 ※請求者が未成年の場合、法定の親権者・後見人が署名ください。 自署 様	印
親権者 後見人	※親権者・後見人を代表して本請求に同意します。 ※印鑑証明書提出の場合、実印をご捺印ください。 自署 続柄（父・母・後見人） 様	印鑑（スタンプ印不可） 印

年金支払特約手続きのご案内をご覧ください。

請求内容

あてはまる番号を○で囲み必要事項を記入してください。

1　年金支払特約を付加・変更します。
（・付加される内容のすべてを下記にご記入ください。
・変更の場合は変わらない部分も含めて変更後の全内容を下記にご記入ください。）

年金種類	満期時	被保険者死亡（高度障害）時
1	※２年～３０年までの整数でご指定ください。 ※年金支払期間満了日時点で年金受取人さまが105歳以下であること（契約者さまが法人の場合は制限はありません） ＿＿＿＿年確定年金（定額型）	※２年～３０年までの整数でご指定ください。 ※年金支払期間満了日時点で年金受取人さまが105歳以下であること（契約者さまが法人の場合は制限はありません） ＿＿＿＿年確定年金（定額型）
2	１０年保証期間付終身年金（定額型）	１０年保証期間付終身年金（定額型）
	ﾌﾘｶﾞﾅ 年金受取人 *1 様 大・昭・平　年　月　日生（男・女）	ﾌﾘｶﾞﾅ 年金受取人*1 様 大・昭・平　年　月　日生（男・女）

2　年金支払特約を解約します。（満期時・死亡（高度障害）時ともに解約となります。）

*1 年金受取人さまは保険金受取人さまと同一人をご指定ください。
保険金受取人さまが複数人設定されている場合や、実名指定されていない（「被保険者の法定相続人」となっている）場合、年金支払特約は付加できません。

ご住所に変更がある場合は、下記にご記入ください。

右記のとおり届け出住所を変更します。	〒□□□－□□□□　フリガナ 都道府県 電話番号（　　　）　－

保険会社使用欄

	チェック				不備連絡先課支社	コード・担当課支社 受付日　年　月　日	課支社長		代理店受付日 年　月　日	取扱者 印

[redacted]

（２枚目）

〈必要書類一覧表見本〉

年金支払特約（付加・変更・解約）請求　必要書類一覧表　保全用

ご注意　○：かならず提出いただく書類

該当事項＼必要書類	請求書	備考
通常の場合	○	—

（3枚目）

第9章

「実は…妻以外の女性との間に、生まれた子供がいるんです」

～85歳の創業者から聞かされた、衝撃の事実とその対応～

この事例は直接のお金トラブルではありませんが、後々解決するためにお金がかかることと、中小企業には時々あるように思えるので身につまされている人もいるかもしれないと考え、紹介することにしました。まだ経験のない中小企業の経営者の方にも後々役立つかもしれないので参考にしてください。

北関東エリアでメーカーを営む年商約50億円、武田工業（仮名）の話です。創業者の武田会長（仮名）は、その経営手腕で昭和30年代から平成の時代までを生き抜き、令和に差しかかる頃、ようやく後継者へとバトンを委ねました。我々ＩＣＯの指導のもと、高額退職金を受け取っての退任でした。年齢は80代半ばになるものの、すこぶるお元気です。その武田会長の携帯電話から、連絡がありました。

「古山先生、折り入ってご相談したいことがあるので、今度いらっしゃる時にお時間作ってもらえますか？」

「いいですよ。来週の水曜日にそちらにうかがいますから、会議室で聞かせていただきますよ」

「いえ、この話は、会社ではしづらいんです。駅前のホテルに部屋を確保しますので、そちらでお願いできますか？」

従業員が話をしたい、というのはおおむね退職の話です。しかし、**経営者が会社以外の場所で話をしたい、という場合、その多くは親族のゴタゴタか女性か金がらみのトラブルです。**

「しかし、武田会長も85歳になろうとしているから、さすがに女性がらみはないか」

と思いながら、会社での指導後、ホテルの一室で武田会長との面談となったのです。

ちょっとした雑談のあと、武田会長が切り出しました。

「実は…妻以外の女性との間に、生まれた子供がいるんです」

まさか、と、やはり、の気持ちが交錯しました。

「えっ、そうなんですか！」

多少の心づもりはあったものの、私は驚きの表情で返答してしまいました。

「そうなんですよ。もう40歳を超えています。息子です。今は1人で関西に住んでいます」

「なるほど」としかいいようがありません。続けて聞きました。

「認知はされているんですか？」

「はい。家族の者は連絡先を知っています。ただ、どこに住んでいるかは知りません。私も85歳ですからね。自分が死んだあとのことを考えるのですが…。


外にできた子供に対して、父親としての役割を果たせることにはなりませんが、あ

る程度のお金を受け取ってもらい、相続時には何も問題が起きないようにしておきたいんです」

認知しているのなら、婚外子であっても相続人としての権利は発生します。その当然の権利として事前にそれなりのお金を受け取ってもらうことで、相続時に放棄をしてもらいたい、というのが武田会長の思いです。相続財産の分割協議の場で、家族の者と婚外子が顔を合わせる、ということを避けたかったのです。

「それにしても、40年前といえば会長もかなり忙しかったでしょうに。よくそのような時間を作ることができましたね」

「いやあ…多忙だったからこそできた、といいますか。まあ、若気の至りですよ」

そのひと言で済ませられる、というのがすごいです。

「で、相談というのは、どのようなことでしょうか？」

「それなんですが、息子に渡すのは、振り込みではなく現金がいいと思うんです」

「そうでしょうね。足のつかない形で渡したいですね」

「そうなんです。それでお願いなんですが、現金は用意しますので、古山先生から息子に渡してもらえませんか？」

「えっ！　私からですか」

「私もこの年齢ですから、まとまった多額の現金を持って関西まで、というのはちょっとムリかと思うんです」

　確かにそれもそうです。ホテルのロビーを歩くだけでも、杖をついての移動ですから。それに、長年のお付き合いである武田会長のたっての頼みであれば、断るわけにもいきません。私たちには、このようなことも大切な仕事なのです。

「わかりました。お受けしましょう」

「ありがとうございます。助かります」

「それで、いかほどお渡しのお考えですか？」

「私の財産からして、６０００万円渡せば相続人の権利としても十分かな、と考えています」

その金額は、相続人の人数から考えてのものでした。

とはいえ、現金で６０００万円となると、結構な金額です。また、**現金を渡すのと同時に、相続時には相続放棄するという覚書に、サインをいただくことにしました。**

ただ、ひとつ疑問があったので、会長に尋ねました。

「しかし会長、６０００万円もの現金、用意できるんですか？　銀行ではそんな多額の現金、ご高齢の会長には、おろせませんよ」

「それは大丈夫です。ちゃんと用意できますから」

と、方法は教えてくれませんでしたが、自信はありそうなご様子なので、それ以上は聞きませんでした。その方法は、あとで気づくことになったのです。

現金を受け取る息子さんご本人の連絡先を会長から聞きました。そして現金を運ぶ当日を迎えたのです。外で受け取るのもどうかと思い、会長のご自宅にうかがい、現金6000万円をお預かりしました。

おそらくこのくらいのカバンなら入るかな、というサイズのスーツケースを持参しました。なにせそのような大金、見たこともありませんから、小さすぎて入らない、ということがないように、少し大きめなものを用意しました。

現金6000万円を会長から差し出され、スーツケースに収めました。無事、余裕をもって入れることができました。

「それでは、今から大阪に向かい息子さんに会い、渡してきます」

「お願いします」

「その前に、トイレをお借りしていいですか。現金を渡し終えるまで、トイレにはいかない覚悟なので」

「どうぞどうぞ。そりゃあそのほうがいいですね」

現金６０００万円をスーツケースに詰め込み、新幹線に乗るのです。うかつにトイレなど行けません。かといって、トイレにスーツケースを持っていくのも、不自然極まりないので、余計な飲食は避けて一度も席を外すことなく、新幹線で移動し、目的地にたどり着きました。

事前に教えてもらっていた息子さんの携帯番号に電話し、無事に会うことができました。

お金の受け渡しをするために、息子さんが指定した場所まで移動しました。大金なので、ホテルの一室を使ってのやりとりとなりました。

今回の件は、武田会長から息子さん本人に電話で事前に連絡済みでした。ですので、余計な説明をすることもなく、挨拶とほんの少しの会話のあと、現金を確認してもらいました。ケースを開けて現金を見せた瞬間、〝ゴクリ〟と生唾をのむ音が聞こえました。そして、６０００万円の入ったスーツケースごと、息子さん本人にお渡ししました。

武田会長が望んでいた誓約書に署名・捺印をいただき、その場をあとにしました。

現金6000万円を受け取ったこと、相続時には相続放棄をすることなどが、その誓約書には記載されていました。

こちらとしては、多額の現金を無事に渡して自分の手から離れただけで、ほっとしたというか、すごい解放感に満たされました。まずは、武田会長に無事に完了したことを電話で報告しました。会長は、安心したような声でいいました。

「ありがとうございます。これで自分のなかに引っかかっていたものがなくなり、気持ちがとても楽になりました」

その声を聞いて、私も安心しました。そして何よりもまず、ホテル内のトイレに、駆け込んだのです。

数日後、武田工業の財務担当から私の携帯電話に連絡が入りました。

「先生、ちょっと気になることがあったので、連絡させていただきました」
「どうしたの？」
「この最近、**会長から、会社に貸し付けているお金を現金で返してくれないか、という依頼が2回あったんです**。それも、3000万円を2回なので、合計6000万円です。会社としては借りているお金ですし、今は返す力がありますので、銀行に連絡して、現金を用意して渡したんです」

そうです。私が運んだお金の出どころは、会長が会社に貸し付けていたお金でした。それを現金で返してもらったのです。ご高齢のご本人が銀行で多額の現金をおろすより、スムーズに調達できるのですから、なかなかうまい手だな、と思いました。

財務担当は続けていいました。

「**あんな多額の現金を、いったい何に使われるのか。また余計な投資や土地の購入をされるんじゃないかと、心配になって先生に連絡したんです**」

その使い途を知っているものの、話すわけにはいきません。

「そう、いったい何に使うんだろうねぇ。今度お会いする時にでも、それとなく聞いておきますよ。連絡ありがとう。ところで、**銀行は現金の使い途を聞いてきたの？**」

こちらとしては銀行の動きが気になったので、確認しました。

「賞与か何かですか？　と銀行の担当者から聞かれたので、『そうです』とだけ答えておきました。借りているお金を現金で返します、というのもなんだか不自然そうで、いやだったので。それに、実際の使い途まではわかりませんので」

とのことだったのです。財務担当者はなかなかナイスなやりとりで銀行に応じていました。

そして**その数年後、武田会長は永眠されました。武田会長の願い通り、婚外子の彼**

は相続放棄をしました。**親族内でのトラブルに発展することもありませんでした。**そのことをご家族から聞いて、私もようやく使命を終えた気持ちになったのでした。

この事例の解決法&予防策

① 私生活における自らの過ちに対する責任の重さを認識し、善処を尽くし解決する
② 地獄の沙汰も金次第。問題解決には現金の魔力を使う
③ 多額の現金を調達したいのなら、会社への貸付金を活用する

① 私生活における自らの過ちに対する責任の重さを認識し、善処を尽くし解決する

中小企業の経営者には、何かと誘惑が多く、その誘惑に負けてしまいます。特に色ごとがらみの誘惑には勝てないようです。今回の武田工業の事例に限らずです。

「実は他に子供がいて、ずっと養育費を渡してます」
「妻以外に付き合っている女性の金づかいが荒く、困っています」
「関係をもってしまった女性に夫がいて、トラブっています」

など様々です。

大っぴらに相談できない案件でもあり、これらの相談事は、我々のような黒子的存在にまず持ちかけられることが多いのです。そのあと、これは法的な対応が必要だな

という場合には、有能な弁護士を紹介しています。

社長業は激務の上に、大変孤独です。ですから、ひとときの誘惑や安らぎを求めてしまい、おぼれやすいのです。自業自得だ、と切って捨てるのは簡単ですが、助けを求める人を前にして、そうするわけにはいきません。

なんとかお手伝いできることを見出し、気持ちを楽にしてあげることも、私たちの役割なのです。誰にもいえない悩み事ですから、聞いて差しあげるだけでも当人はほっとされることもあります。それでその社長が経営に集中できるのなら、私たちとしても満足なのです。

とはいえ、今回のような事例はないほうがいいのです。それでも、起こってしまった場合には、それを解決し後継者にまで引きずらないことです。武田工業の武田会長も、そうならないために、私のもとへ相談にいらっしゃいました。自らの責任において解決しようと決心されたのです。それだけでも立派です。

何ごとも始まりがあるのなら、末となる決着をつけなければなりません。解決せずに放置すれば、残された相続人が、その責任を負うことになってしまうのです。誰が解決にあたるのか、それだけでもめるのです。お金が絡めばなおのことです。

あの世に旅立ったあと、周りに迷惑をかけるようなことを残しておくより、自身で解決しておくべきなのです。

2 地獄の沙汰も金次第。問題解決には現金の魔力を使う

物事を解決するのには、なんといってもお金が効果的です。

今回の事例でも、武田会長がお金を手元に用意することができたからこそ、思い描くようにスムーズに解決できたのです。自由に使えるお金があるかないかで、解決できることもできなくなるのです。

そしてやはり、現金の力です。**多額の現金を目の前にすれば、まったく動かなかった心さえ、動かせます。無理なことも通せてしまうのです。それほどまでに、現金に**

は魔力があります。だから世の収賄容疑があとを絶たないのです。電子マネーや振り込みでは、お金の力は半減します。

お金を手元に残すには、節税もありますが、何より、それなりの役員報酬を受け取っておくことです。ときに、役員報酬をそう高くせず、利益を出すことに力を入れる社長をお見受けします。

「利益を出すことばかりを優先せず、しっかり報酬をもらって、有事に備えてください」

と、そのような社長には申し上げるのです。

長く社長業をしていると、やんごとなきことでお金が必要になる、ということがあるのです。しかもそのような時は、時間的な余裕がほぼありません。短期間のうちに、まとまったお金が必要になる、ということが起こり得るのです。有事の際に、会社からお金を借りるなど、しないでください。誰かから借りる、ということもしたくありません。**問題解決に関わる人を、極力少なくしておきたいのです。そのためには、いざという時にすぐに用意できる、自らの手元資金を蓄えておくべきなのです。**

手元にお金があれば、思いがけない難所でも切り抜けることができます。社長であれば、その備えを、ぜひしておいてほしいのです。

3 多額の現金を調達したいのなら、会社への貸付金を活用する

銀行に多額の預金があっても、それを千万単位で現金で引き出すとなると、そう簡単にはできません。高齢であればなおのことです。特殊詐欺対策であったり、マネーロンダリング対策であったり、銀行も金融庁からそれなりの対応を求められているのです。

今回の事例のように、６０００万円ともなると、その使途を根掘り葉掘り問い詰め

られる上に、申し込んでから数日を要してしまいます。そもそも今や銀行に多額の現金など、置いていないのです。

しかし、今回の事例に登場した武田会長は、その壁を見事にクリアされました。会社に億単位でお金を貸し付けていたのです。

貸借対照表では、固定負債に〝経営者借入金〟として計上されていました。その貸付金を現金で返済してもらうことで、必要な現金をそうたいした苦労もなく、手配できたのです。

確かに、会社であれば、特別賞与などを現金で社員に支給する、ということが今もあります。一時金は、口座振込よりも、現金が喜ばれるのです。ですから、会社がまとまった現金を銀行に用意してもらえるように依頼すれば、高齢の個人が依頼するよりも、ずっとスムーズに進みます。

加えて、武田工業のように〝**経営者借入金**〟として、**経営者からの借入金を銀行からの借入金とは区別して貸借対照表に計上する、ということも大切です。そうしてお**

けば、銀行はその会社を決算書で格付け（スコアリング）する際に、「これは銀行からの借入金ではないのだな」と一目でわかり、自己資本として評価することになります。経営者からの借入金は『資本性借入金』といわれ、経営者の出資金と同じ、とみなされるのです。

それを〝長期借入金〟として、銀行からの借入金と合算して計上してしまうと、単なる銀行借入金とみなされます。銀行借入金が多ければ、10ランクの銀行格付け（スコアリング）の面で、マイナス評価となるのです。

銀行内で格付け（スコアリング）のために決算書のデータ入力をする担当者は、その会社の事情などまったく知りません。〝長期借入金〟とあれば、それは全額、銀行からの借入金として判断して入力されてしまうのです。

このようなことを知っているか知らないかで、真逆の評価となるのです。

第10章

すべての根源は、社長が「B/S（貸借対照表）」を読めないことにあります

1 なぜ社長はB／S（貸借対照表）を理解しようとしないのか

私たちの仕事は、日々、中小企業の様々な事件に向き合います。

- 借入金が多すぎて資金繰りがうまくいかない
- 株価が高すぎて、このままでは後継者に多額の経済的負荷が発生する
- 経理担当がいつのまにか会社のお金を横領していた
- 架空在庫など、亡き先代が残した負の遺産がB／S（貸借対照表）に残っている
- 銀行借入の条件が、近隣の他社に比べて悪いことがわかった
- 土地や有価証券が、多額の含み損を抱えていた

など、あげだしたらきりがありません。

しかし、そのほとんどは、経営者にB／S（貸借対照表。以下、B／Sと表記）を

読んで理解する力がなかった、ということが原因です。**B／Sを読めて、その中身を理解できていれば、多くのトラブルは起こらずに済みました。あるいは、時間をかけてゆっくりと解決することができたのです。**

経営者がB／Sを読めないと、どうなるか。

- 借入金がどれだけあり、その金額が多いのか少ないのか、がわからない
- 株価が高いかどうか、がわからない
- 各勘定科目の中身がわからず、数字に異常があってもわからない
- 銀行が重視するポイントを聞いても、何をどうすればよいのかわからない
- 含み損など、ムダな資産があることに気づかない

といったことに陥ります。

そして何より、**B／Sを読めない経営者は、B／Sを見ようともしません。見なけ**

ればますます、後々起こりうる、トラブルの種に気づくことができないのです。

Ｂ／Ｓを理解しようとしない経営者には、共通点があります。

- 売上と最終利益さえ確保すれば、あとは何も問題がないと信じている
- Ｂ／Ｓを毎月見ても、変化に気づかず、善し悪しの判断ができない
- 銀行は経営者への信用でお金を貸す、と思い込んでいる
- 借入金の額に無頓着で、まだまだ借りられる、と思い込んでいる
- 借入金の存在に気づかず、資産が多ければそのほうがいい、と思っている
- 今までＢ／Ｓを理解せずにやってこれたので、これからも問題ないと思っている

結局、Ｐ／Ｌ（損益計算書。以下、Ｐ／Ｌと表記）は見るものの、Ｂ／Ｓを見ないのです。

Ｂ／Ｓを読めない経営者のもとで、大きな事件は起こります。そうならないためにも、経営者はＢ／Ｓを読めるようになる必要があるのです。

B／S（貸借対照表）の仕組み

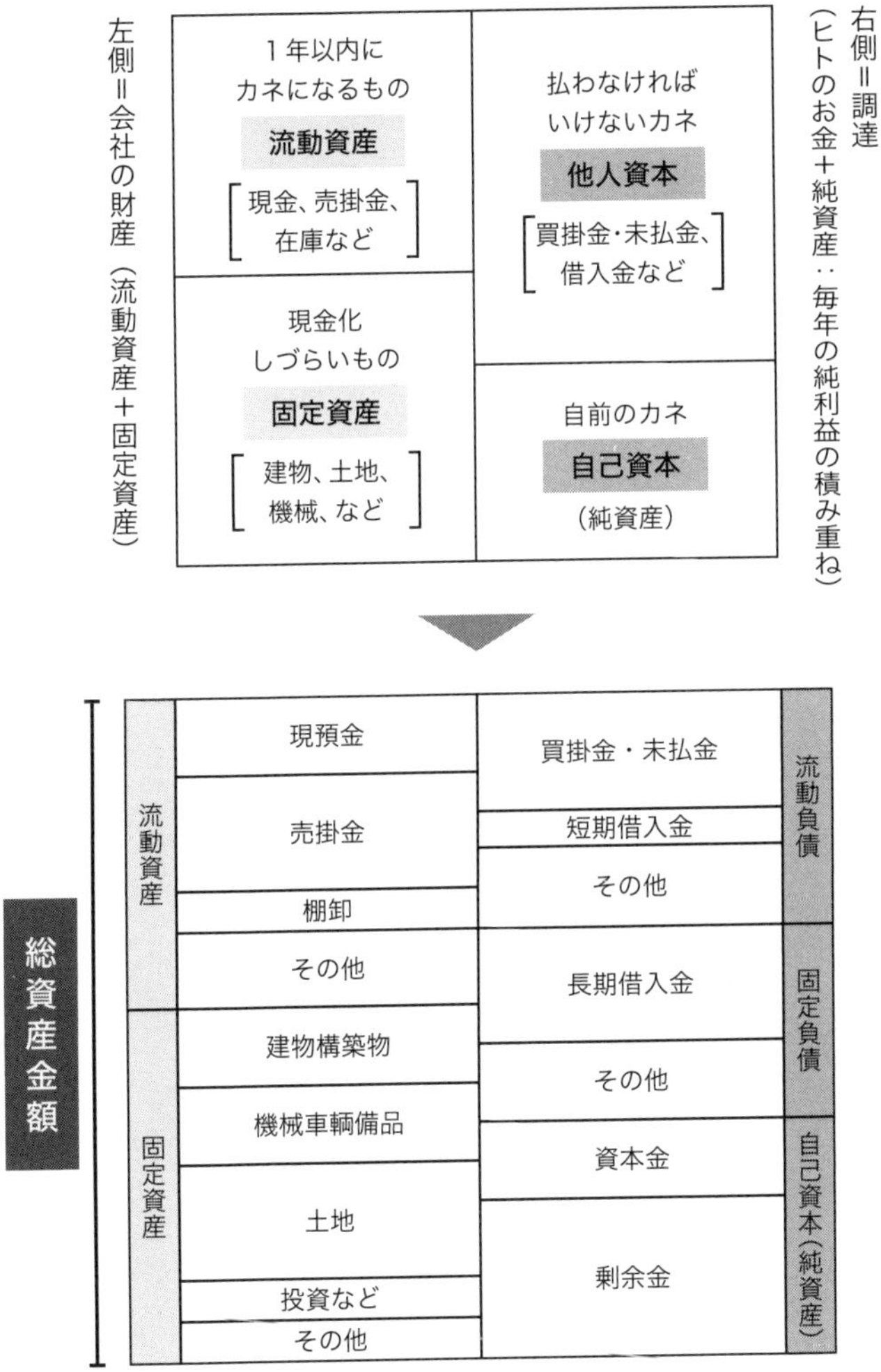
左側＝会社の財産（流動資産＋固定資産）
右側＝調達（ヒトのお金＋純資産：毎年の純利益の積み重ね）
1年以内に
カネになるもの
流動資産
現金、売掛金、
在庫など
現金化
しづらいもの
固定資産
建物、土地、
機械、など
払わなければ
いけないカネ
他人資本
買掛金・未払金、
借入金など
自前のカネ
自己資本
（純資産）
総資産金額
流動資産
現預金
売掛金
棚卸
その他
固定資産
建物構築物
機械車輌備品
土地
投資など
その他
買掛金・未払金
短期借入金
その他
流動負債
長期借入金
その他
固定負債
資本金
剰余金
自己資本（純資産）

2 倒産はすべて、借金のしすぎ

資金調達の目処が立たず、払うべきお金を払えなくなった時、会社は倒産します。その原因はすべて、借金のしすぎです。倒産の記事が出た時に必ず、負債総額○億円、などと書かれています。そのほとんどが借金なのです。

なぜ、そうなってしまうのか。いくつかの原因が考えられます。

- 借金をして土地を買い、社屋を立派にしたが、収益をあげられなかった
- 店舗を増やすために借金をしたが、新店舗は赤字ばかりだった
- 本業に無関係な投資のために借金したが、うまくいかなかった
- 銀行に勧められ借金をしてまで先物契約をしたが、思うようにいかなかった
- 新商品のために借金をして工場・設備を増強したが、鳴かず飛ばずだった

といったことなどがあげられます。

しかし、その**根本はやはりB／Sを読めず、どこまで借金をしてよいのかが、わからなかった、ということに尽きるのです。**

銀行は貸せるところまでは、貸します。しかし、決算書から判断して、この会社にはこれ以上貸せない、となると途端に貸さないのです。お金を貸す商売として、当たり前のことなのです。貸さないどころか、このままでは回収できない、と判断すると、担保物件を資金化したり、社長個人の預金をおさえにかかるなど、動き始めます。

そうなると、ますます資金繰りは行き詰まります。

資金繰りが危うくなってくると銀行は、本来なら長期で貸す設備投資の資金であっても、

「短期でお貸ししますので、そのお金で資金繰りを回してはいかがですか」

といってきます。**設備投資でそういわれたら、銀行から〝この会社は危ない〞と思**

われている証拠です。

短期借入金は1年単位です。銀行にすれば、融資を終わらせやすいのです。次の切り替え時期がきた時に、

「これ以上の融資はできません」

といえば終わりです。

借金をしすぎる会社の社長は、銀行の対応と資金繰りに、とにかく追われます。毎月のことですから、本業どころではなくなってきます。思考回路が資金繰り中心に陥ってしまうのです。

結局、**P／L（損益計算書）ばかり見ていても、資金繰りには役立ちません。**

P／Lには、借入金返済、という科目はありません。そのため、どれだけ売上が増えようと、利益が出ようと、借金の返済の大きさには気づけないのです。気づいた時

B／Sの短期借入金と長期借入金

貸借対照表に短期借入金・長期借入金の占める金額が大きいほど、その会社は倒産に近い財務体質です

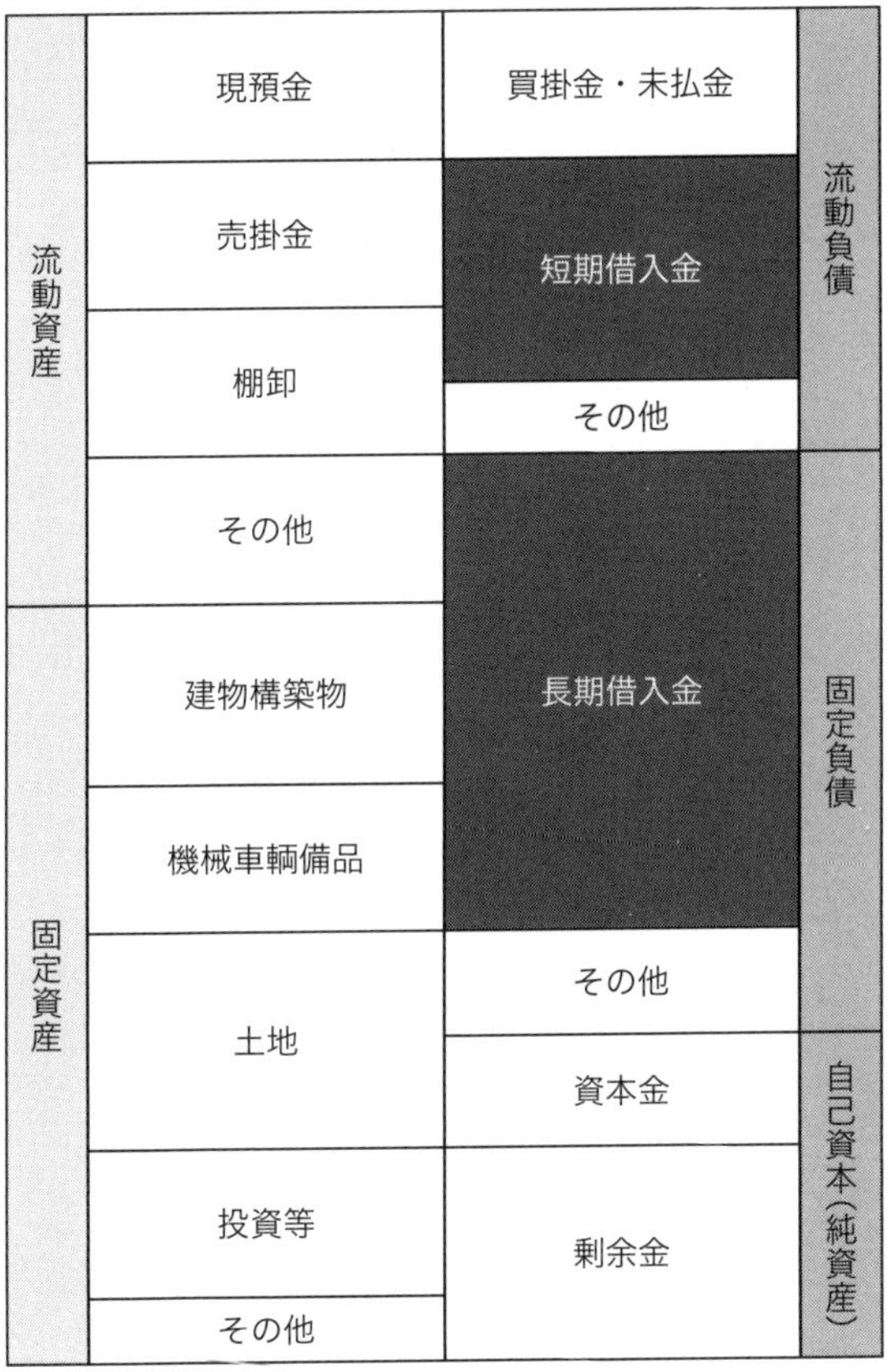

には、資金繰りはもう、かなり危ない状況になってしまっているのです。
そうして、トラブルが起こっていくのです。

B／Sを読めて理解できれば、借入金が増えると、現状の資金繰りに無理がないかどうか、つかめるようになります。毎月の返済が大きすぎてこれ以上はきつい、という判断ができるようになるのです。
借金で新たに投資した案件が、どの程度稼げばよいのか、収益性とのバランスをシミュレーションして検討することもできます。経営判断の幅が大きく広がるのです。

そのような銭勘定は考えず、夢やロマンや感情だけで大きな借金をして、新事業に取り組む社長がいます。事業は夢やロマンだけでやってはいけません。銭勘定あってこその、事業です。社長の夢だとか感情だけで会社の資金繰りを悪化させて倒産においやり、社員やその家族、取引先を苦しめるなどということは、絶対にあってはならないのです。

3 自己資本比率を高めなさい

自己資本比率とは、B／Sの右側における、純資産の占める比率です。純資産は、資本金と剰余金です。剰余金は、毎年のP／Lにおける純利益の積み重ねです。毎年の純利益を積み上げたものです。

総資本に対する純資産の比率が高ければ高いほど、負債の比率は小さくなります。要は、借入金が少なくなるのです。逆に、自己資本比率が低い会社ほど、借入金が多くなります。

そのため、**自己資本比率が高い会社ほど、倒産しにくいのです。**

「自己資本比率はどれくらいあればいいのでしょうか？」

と聞かれることがあります。

「まずは30％以上を目標としてください」

とお伝えしています。

「先生、そんなことをいっても、自己資本比率はどうやって高くすればいいんですか？　毎年の純利益を増やすしかないんですか？」

とおっしゃる経営者がいます。そんなことはありません。まずはその会社のB／Sを見せてもらいます。

すると、左側の流動資産に現預金がたくさんあるものの、右側の流動負債には短期借入金があったりします。

「社長、何をいってるんですか。このB／Sなら簡単に自己資本比率が上がりますよ！　借りなくてもいい現金を借りてまで積み上げているから、総資本が膨らんで自己資本比率が下がっているんじゃないですか！　この短期借入金を返せば、すぐに自

自己資本比率は30％以上を目標にする！

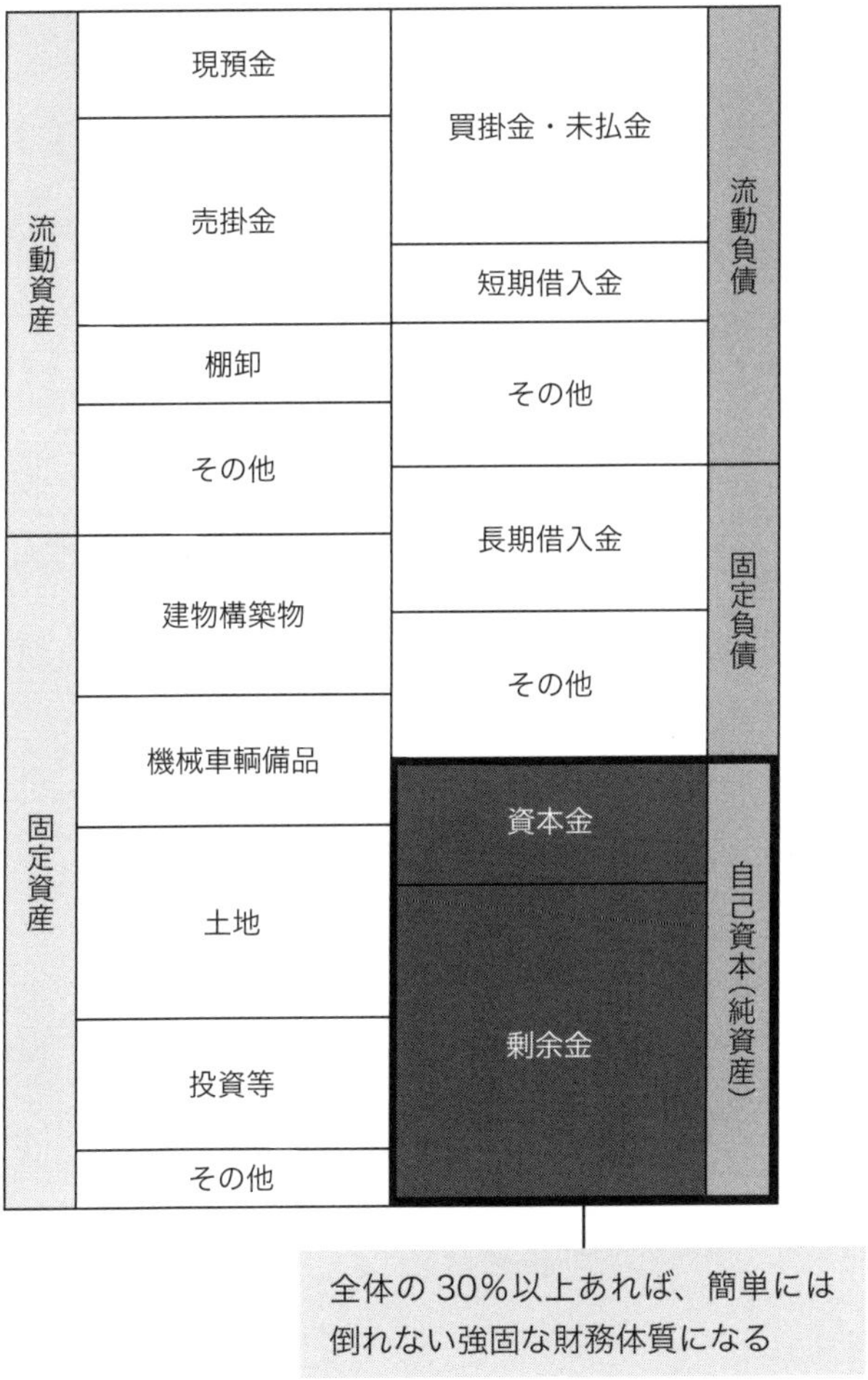

己資本比率が10％以上、上がりますよ！」

このようなことが、本当によくあるのです。

余計な現預金を返すだけではありません。

・在庫を減らして運転資金を減らす
・売掛金や受取手形の回収期間を縮めて運転資金を減らす
・仮払金や貸付金を期末には精算して残高をゼロにする
・含み損のある土地など固定資産を子会社へ売却して総資産を小さくする

など、**純利益を上げる以外にも、自己資本比率を高くする方法はいくらでもある**のです。

それに、B／Sは、年度末の1日の財務状況を表したものです。極端にいえば、その日の財務体質をベストコンディションにすればいいのです。

そのお手本となるのが、悔しいですが〝銀行〟です。

「年度末だけでも構いませんので、いくらか借りていただけませんか」

と融資先の会社へ相談にやってきます。

あれこそ、年度末のB／Sを銀行側の立場でベストにするため（企業にとっては逆ですが…）の活動です。銀行は、B／Sにおける貸付金の多さが金融庁の審査の際に重要視されるのです。借りる気もないのに「借りてください」といわれても面倒なだけですが、あの決算書に対する銀行の徹底した姿勢には、多くの中小企業は見習うべきものがあります。

4 P／L（損益計算書）はこの1年の利益計算書にすぎない

経営者のほとんどは、P／L（損益計算書）しか見ていません。多くの経営者に接してきましたが、それが実感です。さらに後継者になると、P／Lにさえ接していない場合がある、というのが実状なのです。

しかし、私からすれば、**P／Lは業績管理の参考資料になるものの、財務管理には役立たない、と考えています。売上高がどれだけであろうと、それが使えるお金になって初めて、経営実務に役立てられるのです。**

なのに、P／Lしか見ていない経営者は、とにかく売上高を伸ばして最終の純利益を伸ばそうとします。それが大きな間違いです。

「売上高を伸ばすために新規出店せよ！」
「売上高を伸ばすために在庫を増やして顧客満足を充実せよ！」
「売上高を伸ばすために、営業の人員を増やせ！」

などとなるのです。まさに売上高至上主義に陥るのです。経営者にとって、売上高

が伸びるのは、気持ちのいいことです。周囲の経営者からも

「社長の会社はスゴイですね。さすがですね」

などとはやしたてられます。

有頂天になります。しかし気づいたら、

・過剰な出店で不採算店も増え、借入金が増えていた
・在庫が過剰で、運転資金の借入金が増えていた
・安売りをする営業担当が増えて粗利益が落ち、借入金が増えていた

などとなってしまっているのです。**Ｐ／Ｌだけを見て、売上高を伸ばそうとすればするほど、借入金が多い財務体質になっていきます。**

「わが社は売上高が伸びているのに、どうしていつまでも資金繰りが厳しんだろう」

となるのです。

P／Lは見ません、という女性経営者がいらっしゃいました。

「あれを見ていても、なんの役にも立ちません」

と、きっぱりおっしゃいました。

「私はいつもこれだけを見ています」といって、細長い紙を見せてもらいました。手元にあるその細長い紙をパタパタと広げていきました。横長の紙に、B／Sの面積グラフがビッシリと書かれていました。

「だいたい、いつも直近の10年分くらいをすぐに見られるようにしています。ちょっとおかしくなってきたら、これはおかしいからこうするように、と指示をします。あとは任せています」

P／L（損益計算書）の仕組み

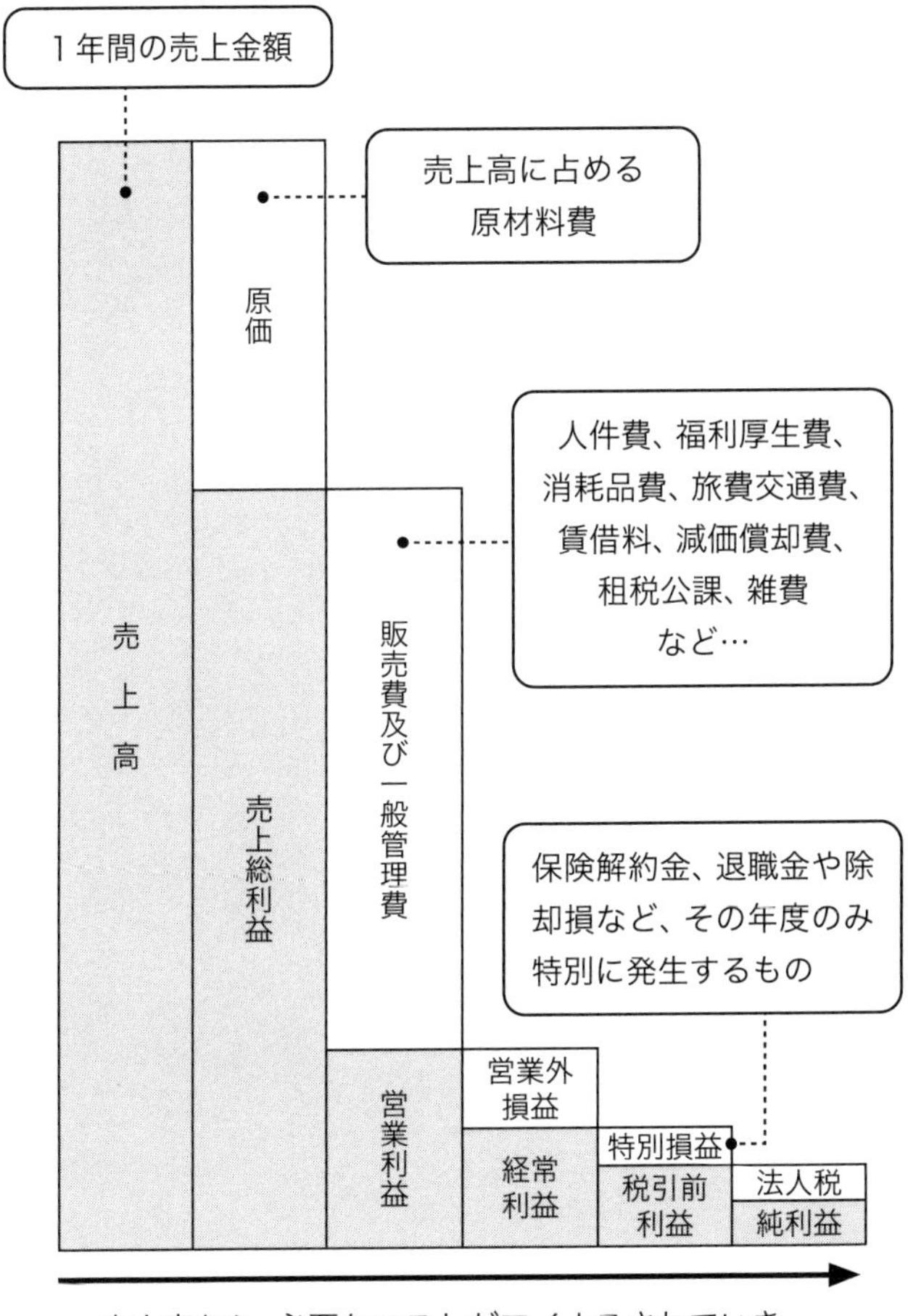

売上高から、必要なコストがマイナスされていき、
純利益が最後に残る

その会社は、年商が約150億円、純利益がなんと売上高の約40％でした。驚異的な業績です。しかしそんなことには踊らされず、ひたすら、B／Sだけを見て、会社を切り盛りされてきたのです。

その女性経営者は創業者であった旦那さんを早くに亡くされていました。夫が残した会社をなんとか守ろうと、たくさんのセミナーに参加し、経営を学ばれたのです。その中のひとつが、私たちICOのセミナーでした。

「先生のセミナーで勉強したことが一番いいと信じて、ここまでやってきました」

と、そうおっしゃられました。こちらとしても、感謝の言葉しかありませんでした。

結局、P／Lは、最終の純利益がどうだったかという、利益計算書にすぎないのです。**財務体質を強くすることや、財務体質悪化の兆候を見抜くことは、P／Lではできません。**

5 P／Lの勘定科目はウソだらけ（税金を払わせる計算書だ！）

ある経営者からいわれました。

「先生、うちの会社は経常利益も純利益も出ています。なのにどうして賞与や納税のために、銀行からお金を借りるんでしょうか。利益が出ているなら、お金を借りる必要などないと思うんですが」

まさに素朴な質問です。

「社長の会社、借入金がありますよね」
「あります」
「その返済が毎月ありますよね」

「そうですね」

「前期は設備投資で新たな機械装置を導入しましたよね」

「しましたね。確か、4500万円でした」

「ですよね。そういう返済や設備投資のお金が出ているから、利益が出ていてもお金が足らず、銀行から借りているんですよ」

「そうか…。でも、そういわれたらわかるんですが、**返済はどうして経費にならないんですか。それに設備投資も全額経費になれば、税金なんか払わなくていいじゃないですか**」

「だから、そうなるとお上が困るから、そうならないような計算資料になっているんですよ」

「それじゃ、**損益計算書は税金を払わせるための計算書じゃないですか！**」


その社長は、ようやく気づかれたのです。まさにその通りなのです。

借入返済は経費にならず、返済設備投資は減価償却という形でそれぞれの耐用年数

で分割されます。その一方で、売上高は代金回収の有無にかかわらず、売上金として計上されます。

とにかく、税金を増やそう増やそうと仕組まれたのが、P／L（損益計算書）なのです。P／Lの勘定科目は経営者の立場から見れば、ウソだらけなのです。

逆に借入金がなくなった会社の社長がおっしゃいました。

「先生、返済がなくなったら、資金繰りが急に楽になりました！」

また、時限措置の優遇税制である即時償却制度を使った社長がおっしゃいました。

「先生、設備投資を全額即時償却できたおかげで、今回の納税はほぼゼロで、予定納税のお金も戻ってきました！　繰越欠損も数千万円できて、資金繰りが大いに助かりました！」

つまり、借入金を減らす、減価償却を増やす、といったことをすれば、冒頭の社長のように納税や賞与など資金需要の都度、嘆く、という必要はなくなるのです。

顧問税理士からもその多くは、経営者が満足するような節税の提案などはありません。

- 電話加入権を除却して税引き前利益を下げる
- 含み損のある土地を売却して特別損失を計上し税引き前利益を下げる
- 高額の退職金を出して大赤字にし、税引き前利益をマイナスにする

などということに**猛反対する税理士事務所の多いこと！**

「そんなことをしたら税務調査で否認されますよ！」
「それは明らかな納税逃避行為だから否認されますよ！」
「そんな金額の退職金は、認められない！」

損益計算書（P／L）と貸借対照表（B／S）は、このように繋がっている！

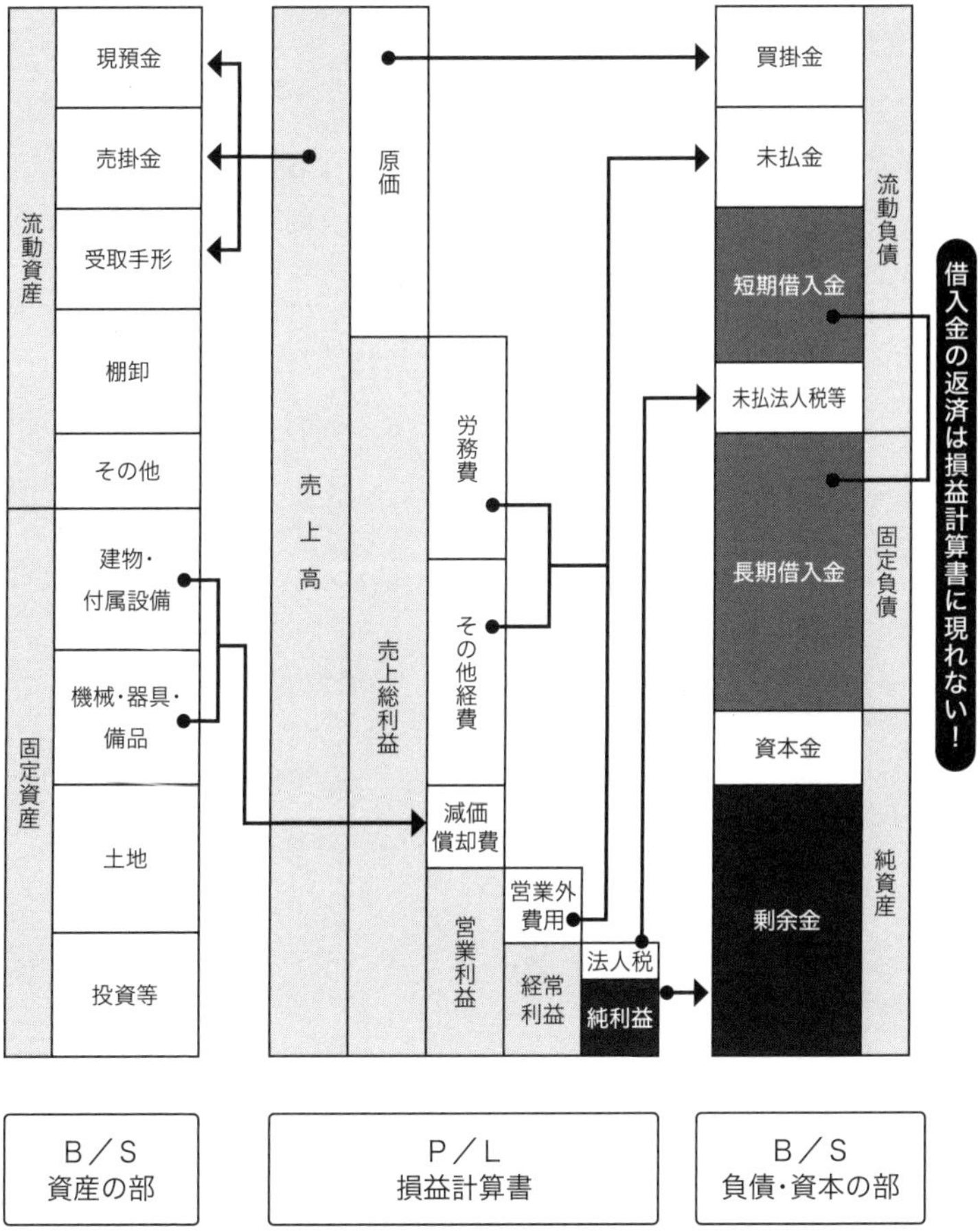

などと、脅しまがいの言葉を投げかけてくるのです。

そのくせ、強引に押し通し、当局からなんのお咎《とが》めもなければ、

「うちの事務所がこれまできっちりと対応してきたから認められたのであって、普通は認められない」

などと自分たちのお手柄のように豪語する税理士が、実際にいるのです。

要は、経営者が節税に対する知恵と知識を身に付け、P／Lに仕組まれたもくろみに流されることなく、納得のいく納税をしてください。

6 「B／S」を理解すれば、社長の打つ手が変わります

B／Sを理解して意思決定できる経営者は、P／L思考の経営者と比べて、打つ手が異なります。

「しかし先生、B／Sを理解しているからといって、株式の対策に役立ちますか？」

と聞かれたことがあります。

考えてみてください、**B／Sを理解していれば、まず、自社の株価が高くなってきているのか、そうでもないのか、がある程度わかります。**

「自己資本比率が50％を超えてきたから、株価はかなり高くなってきたな」

くらいは想像がつくのです。もちろん、そうなる前にも気づくはずです。

気づけば、気づかない経営者よりも早く、手を打てますし、相談もできます。

「今のうちに分散している株式を買い集めておこう」
「暦年贈与を活用しながら、今のうちに多目に後継者へ株式を贈与しておこう」
「5年後に高額退職金をもらって株価を下げられるように、今のうちに役員報酬を上げておこう」

など、**株式の相続対策を早めにされている方は、ことごとくB／Sへの理解がある経営者ばかりです。**

新規事業や設備投資についても同じです。早い話、B／Sへの理解がない経営者は、借入金をどこまでしていいかの判断さえつきません。そのため、「この事業はなんとしてもやりたい」と思うと、感情が先走り、身の丈以上の借入金を背負ってしまうのです。そして資金繰りに行き詰まってしまいます。そろばん勘定ができないのです。

借入金の限度額は、純資産と同額程度です。経営指標でいえば、ギヤリング比率

B／Sのムダを排除する！（強い貸借対照表）

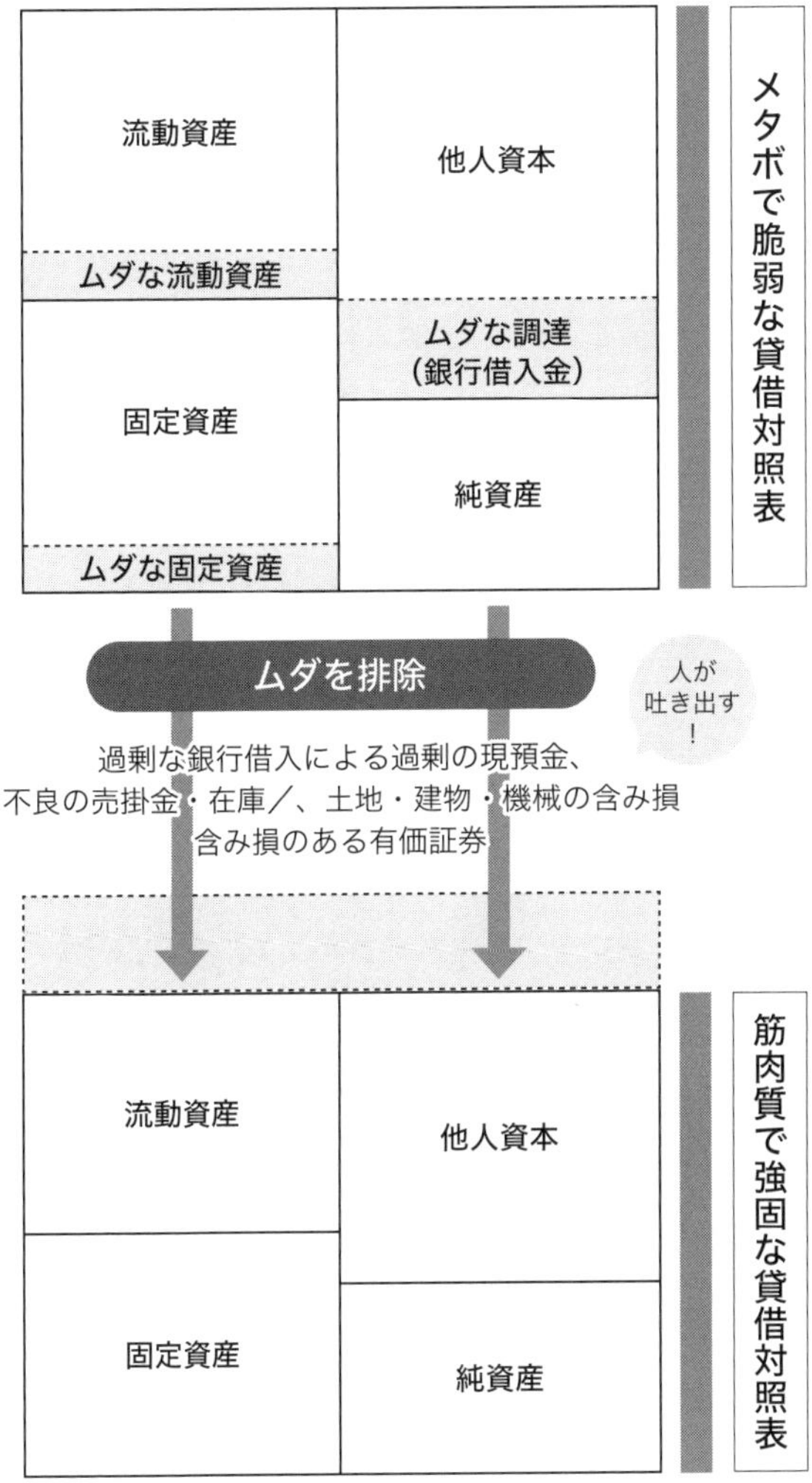

100%までがひとつの目安です。

ギャリング比率 ＝（長期・短期借入金 ÷ 純資産の金額）× 100

このようなことを、B／Sへの理解がある経営者は、少なくともお伝えすればわかってもらえます。しかし、B／Sへの理解がない経営者は、警告してもまったく響かないのです。これでは**計器類を読めないのに飛行機を操縦しているようなものです。命がいくつあっても足らないのです。**

長いデフレが終わりを告げ、経済環境は新しい局面へ移ろうとしています。これまでには考えられないような〝マサカの坂〟が、どの業種、どの会社にも、やがてやってくるでしょう。その時、その坂を乗り越える会社と、乗り越えられない会社に分かれます。コロナ禍もそうでした。その違いは、**B／Sが強固で岩盤のような強度を持っているかいないか、なのです。**

しかもB／Sは、経営者の意思決定ひとつで強くすることができる要素をたくさん持っています。

回収を早くする、在庫を減らす、不良資産を処分する、など。中小企業なら、経営者の意思決定でできることばかりです。そしてそれは、B／Sへの理解があればこそ、できることなのです。

より多くの経営者にB／Sへの理解を深めていただき、本書で出てきたトラブルなどが起こらないような会社に、ぜひしていただきたいと願っています。

おわりに

策を知り、備えを知れば、困難な出来事は回避・解決できるのです。

これまで、中小企業における、数多くのお金トラブルの解決に関わってきました。そのなかで間違いなくいえるのは、**〝策を知り、備えを知れば、困難な出来事は回避・解決できる〟**ということです。

そしてその〝策〟や〝備え〟を理解する〝知識〟が必要になります。**その知識のなかで最も重要なのが、貸借対照表を読めること、なのです。**平たくいえば、**会社のお金の入りと出の仕組みを理解し把握するということです。**

無知・無策では、お金トラブルを良い方向へと解決することはできません。策を講じても、最悪の結果では、困るのです。

そのように思うのは、私自身がお金トラブルに巻き込まれた経験があるからです。思い起こせば1980年代バブルの絶頂期、私が20歳の頃です。母が兄弟の事業の連帯保証人をしていたことが原因で、我が家は一家離散になったのです。あっという間の出来事でした。金融機関からいわれるがままに家を売り、父と母はもめて離婚し、夜逃げ同然に住み慣れた家をあとにしました。

家族全員、その日を境にバラバラに暮らすことになりました。親戚付き合いもすべて縁が切れました。皆、わが家に関わりたくなかったのです。それ以来、私は生まれ育った家がある場所へは戻っていません。戻れないし、戻る気になれないのです。

一体何が起こったのか、当時の私にはさっぱりわかりませんでした。

とにかく、今日明日を生きることで精一杯でした。

今になって思うことがあります。

家族の誰もが無知であり無策だった、と。

母が破産宣告をしてしまえば、家を売る必要はなかったのでは…。そもそも安易に連帯保証人にならなければ、あんな事態にならなかったのでは…。自分たちだけで問

題を抱えず、しかるべき人に相談していれば、もう少しましな結果になっていたのではないか…。

そのような知識も智恵も、まったく持ち合わせていなかったのです。

私の体験は法人ではなく、個人の事例です。しかし、法人のお金トラブルも、行きつくところは経営者個人やその家族を直撃する、という意味では同じです。それに、**あまり誰にも知られたくないし、話したくないという点でも、個人も法人も同じなのです。**

私自身がお金トラブルの経験をしているので、渦中の方々のお気持ちはよくわかります。

そのような時に、信頼できる相談相手がいれば、それだけでも気持ちは楽になるものです。

経営は短期決戦ではありません。どこまでも続く長期戦です。長い会社経営のなかで、お金トラブルの芽は必ずどこかで現れます。その芽がまだ小さいうちに適切な対

策をすれば、事態が大きくなることもなく、大過なく終わらせることができます。

あるいは良き相談相手がいれば、経営への傷を最小限で済ませることもできます。備えもなければ策もなく、誰にも相談せずに対応する、というのが一番よくありません。大きな悔いが残ってしまうでしょう。

本書で紹介した事例は、中小企業におけるお金トラブルの、ほんの一例にすぎません。お金トラブルで悩みを抱える経営者は、常にどこかにいらっしゃいます。その悩み苦しむ経営者が、1人でも少なくなれば、との思いで本書を書きました。

本書が長く続く会社経営における、一助となれば幸いです。

最後になりますが、本著へのアドバイスをいただいた井上和弘先生（アイ・シー・オーコンサルティング会長）に深く感謝申し上げます。

古山喜章（ふるやま　よしあき）

1965年大阪生まれ大阪育ち。関西大学社会学部卒。

株式会社ICO（アイ・シー・オー）コンサルティング代表取締役社長。

財務改善を主体として中小企業の経営指導をするコンサルタント。

大学卒業後、兵庫県の中堅食品会社に入社。「経理課」勤務でスタートし、異動を重ねて管理業務全般を経験する。入社時の年商は約20億円だったが、退職時には約180億円に。会社が急成長するなかでの数々の経験により、現場の悩みや本音などの実態を身に染みて知る。その食品会社へ永年にわたって経営指導に来ていた、アイ・シー・オーコンサルティング創業者である、井上和弘氏と職場で面識があったことがきっかけで、2006年より同社に転職。現在の経営コンサルティング業に就く。2014年、代表取締役社長に就任。財務改善を主体とした指導に注力する一方、経営者の様々な悩みや本音に向き合う。また、師匠である井上和弘氏が塾長を務める、セミナー「後継社長塾」（日本経営合理化協会主催）に講師として加わり、事業承継における後継者の悩みにも向き合うこととなった。2022年より塾長に就任。全国中小企業の後継社長育成に尽力している。主な著書:『社長の決算書の見方・読み方・磨き方』（日本経営合理化協会出版局）、『社長！カネ回りをよくしたければ銀行の言いなりはやめなさい』（ダイヤモンド社）、CD:『お金が残る決算書100の打ち手』（日本経営合理化協会オーディオ・ヴィジュアル局）、ブログ配信:「ICO経営道場」

ストーリー事例《じれい》に学《まな》ぶ！
誰《だれ》にも相談《そうだん》できない　中小企業《ちゅうしょうきぎょう》の「お金《かね》トラブル」解決大全《かいけつたいぜん》

2023年9月20日　初版発行

著　者　古山喜章
発行者　杉本淳一

発行所　株式会社日本実業出版社　東京都新宿区市谷本村町3−29 〒162−0845
編集部　☎03−3268−5651
営業部　☎03−3268−5161　振　替　00170−1−25349
https://www.njg.co.jp/

印刷／理想社　製本／若林製本

ISBN 978-4-534-06038-9　Printed in JAPAN

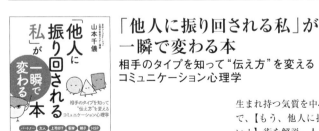

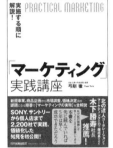

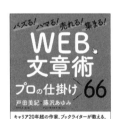